EL LIBRO DEL MÁS ALLÁ

COLECCIÓN
Centinela

Jay Tatsay

EL LIBRO DEL MÁS ALLÁ

Diseño de cubierta y maquetación: Saul Rojas Blonval

Edita: Plutón Ediciones X, s. l.,

E-mail: contacto@plutonediciones.com
http://www.plutonediciones.com

I.S.B.N: 979-13-87692-30-8
Depósito Legal: B-8512-2025

Impreso en España / Printed in Spain

Para toda mi gente
eterna y divina,
porque ya habita
del otro lado
de la existencia.

Prólogo
Los reinos del más allá

A veces el colibrí, a veces el cuervo,
o a veces el tecolote
nos dice cuándo hemos de irnos.
Pero nosotros los mexica no morimos,
solo cambiamos de casa,
de cuerpo.
Poema náhuatl

El más allá es una idea común en el sentir de la humanidad ante el hecho innegable de la muerte.

Desde tiempos inmemoriales, el más allá está presente en el pensamiento humano para intentar explicar qué hay después de la vida, e incluso qué hay antes de la vida en este mundo.

¿Qué somos? ¿Quiénes somos? ¿Qué hacemos aquí? ¿De dónde salimos, de dónde venimos, hacia dónde vamos?

Parece que no hay grupo humano que no se haya hecho estas preguntas a lo largo de nuestra presencia en este planeta.

Más allá de dioses o de salvaciones, de cielos o de infiernos, el más allá está presente en nuestros cuestionamientos existenciales como especie.

¿Qué es en sí la experiencia de la muerte, y qué es ese reino del más allá que posiblemente nos espera?

Si la muerte es inevitable, el más allá también debe serlo porque todo es un eterno continuo en la marcha del universo.

Para muchas sociedades modernas la muerte es un tema tabú que apenas se toca, como si diera vergüenza estar enfermo y morir fuera una especie de pecado, mientras que para otras sociedades, generalmente las del tercer mundo, la muerte puede ser una celebración y una fiesta.

Jay Tatsay, debido a su formación y experiencias vitales a lo largo de este planeta Tierra, nos trae un fresco donde la muerte y el más allá son los actores principales.

Para algunos se vive solo una vez y se muere todos los días.

Para otros se muere solo una vez y se nace todos los días.

El mundo de los sueños puede ser territorio del más allá, y el mundo físico su alimento.

Morir es algo frecuente, habitual y natural, e inevitable para los seres humanos, al menos de momento y mientras nadie encuentre, y beba, del Santo Grial, por lo que esta vida, y todo lo que en ella hay, es pasajero.

Afrontar esta verdad no ha sido fácil para la humanidad, y más de uno ha intentado encontrar la fuente de la eterna juventud, o hacer un pacto con Dios o con el diablo para vivir por los siglos de los siglos, amén.

Jay Tatsay nos cuenta que en el fondo de nuestra alma, o de nuestro corazón, se haya la luz de la esperanza que nos promete la vida eterna, aunque no con este mismo cuerpo y quizá tampoco con la misma consciencia, pero eterna al fin y al cabo, donde existiremos para siempre.

Sí, muchas veces nos sentimos eternos, incluso si las arrugas de la vejez nos han golpeado y los achaques del cuerpo de han multiplicado.

Por supuesto, no falta quien se aburre en esta vida, no se siente a gusto en este mundo, percibe que todo es falso y que ha sido traicionado o traicionada, sus deseos no se han cumplido, o se han cumplido, pero de todas maneras se siente afligido, defraudado o deprimido, y no quiere saber nada más de esta vida.

Y si la muerte es un tema tabú, el suicidio lo es más aún, tanto social como moral y religiosamente hablando, entre otras cosas porque se supone que estamos obligados a vivir hasta el último aliento natural y bilógico de nuestro cuerpo y de nuestro cerebro, y no podemos disponer libremente de nosotros mismos ni de nuestro cuerpo.

"Los suicidas van al infierno", nos dicen desde pequeños, o "desaparecerán en la nada", sin tomar en cuenta que para no pocas personas el ir al infierno sería menos aburrido y tedioso que estar aquí, y que la nada sería de lo más reconfortante para las almas que cargan con un peso excesivo de sufrimiento.

Sí, la nada de los nihilistas, más que la nada de Lao Tse, puede parecer un bálsamo tras esta experiencia vital llena de males y desaliento para quienes la desean.

Una vida de miserias y vejaciones puede ser tan terrible como una vida de excesos y riquezas donde no se tiene nada que hacer; el exceso y la carencia de lucha vital puede ser una verdadera condena, por lo que prescindir de esta existencia por voluntad propia no parece tan descabellado, si bien es inútil porque tenemos la muerte asegurada y puede llegar en cualquier momento.

"El derecho a elegir" sobre la propia vida ha sido tema de debate en muchas ocasiones, aunque el peso de la mayoría siempre se ha inclinado en mantener la vida pase lo que pase, y pese a quien le pese.

Total, la vida es sueño, como diría Calderón de la Barca, y tarde o temprano despertaremos del sueño de la vida para ingresar al sueño de la muerte, a sabiendas de que los sueños al final se desvanecen.

Vivimos, o al menos así nos lo parece, para morir finalmente, y, tras la muerte, no sabemos lo que nos vamos a encontrar. Jay Tatsay nos ofrece en este libro algunas alternativas en las que han creído los seres humanos desde el principio de los tiempos, unas más terrenales y otras más espirituales, pero todas como claro reflejo de lo que pensamos y sentimos con respecto a lo que hay más allá de la ausencia física en el reino de la muerte.

El primer paso después de la muerte, nos dicen en el *Bardo Thödol*, es reflejo de nuestra cultura, nuestras creencias religiosas y nuestros pensamientos, por lo que este tránsito puede ser terrible o placentero, y muy parecido a lo que acabamos de dejar detrás, es decir, jerárquico, funcional, sistémico, con las figuras divinas o humanas en las que hemos creído durante nuestra vida, lo que también puede ser muy agradable o desesperanzador.

El segundo paso nos abriría el camino de la lucidez y nos prepararía para una nueva encarnación, por regla general, o nos liberaría para permitir el ascenso a las dimensiones espirituales donde la existencia transcurre de formas y maneras que desconocemos, y que poco o nada tienen que ver con las experiencias de la existencia y vida en la Tierra.

Y el tercer paso, *grosso modo*, sería la reencarnación o el renacer en este mundo donde tendríamos un nuevo cuerpo, un nuevo ego y una nueva identidad, sin recordar qué o quién somos realmente, para reiniciar el camino hacia una nueva vida y hacia una nueva muerte, hasta que por fin llegue, o no llegue, la iluminación y la salvación de nuestro ser interno, que no es otra cosa que recuperar lo que somos, seremos y hemos sido siempre: espíritus plenos y completos que regresan a su verdadero hogar después de pasear por el universo.

Lo bueno, lo malo, o lo problemático, sobre la experiencia de la muerte y el más allá, nos dice sinceramente Jay Tatsay, es que nadie ha vuelto para contarlo y nadie sabe realmente lo que ocurre con nuestro ser interno antes de la vida y después de esta vida al traspasar el umbral de la muerte.

Sin embargo, no deja de arrojar un buen haz de luz sobre el tema de la muerte y el más allá, que a todos y cada uno de nosotros nos llegará tarde o temprano, por lo que todo lo que nos cuenta Jay Tatsay en el presente texto podría ayudarnos a estar un poco más preparados cuando llegue el momento, y evitar así el espanto o el horror que puede suponer este cambio tan radical que hay entre la vida y la muerte, donde el ser interno puede ser perfectamente eterno y existir para siempre, o algo más que no sabemos ni comprendemos ni entendemos.

Vayamos pues, de la mano de Jay Tatsay, a los reinos del más allá.

Introducción
¿Qué es la muerte?

El cuerpo muere, pero,
¿dónde van los sentimientos,
los pensamientos
y el ser interno
tras el fallecimiento?
PANCHO ELENES

¿A dónde va el alma o el espíritu una vez que el cuerpo ha muerto? Personalmente, puedo asegurar que la muerte no existe para el ser interno que somos, lo que se muere es el cuerpo, y no del todo, y el más allá es muy diverso, o, en otras palabras, no hay un solo más allá, sino muchos, y lo que se experimenta cuando llega la muerte puede ser muy variado; además, y según mi experiencia personal, los fantasmas o residuos de lo que fuimos en esta vida, existen, y se pueden ver, oír, oler y hasta tocar como si fueran personas materiales y perfectamente vivas, sin que las drogas, la esquizofrenia o cualquier estado alterado de consciencia sea necesario.

El espíritu se eleva y se va para siempre, pero el alma en forma de fantasma queda vagando por este mundo una larga temporada, desde un año en que recoge su vida, hasta una década saltando de sueño en sueño.

Para estas almas fantasmales no hay un gran progreso espiritual ni una inteligencia más elevada, pues sus ataduras emocionales, sentimentales y materiales las mantienen apegadas a este planeta, tanto, que a menudo no son conscientes de que están del todo muertas y en un plano que ya no pertenece al mundo presente, y les cuesta darse cuenta, o se niegan a hacerlo, hasta que no les queda más remedio que aceptarlo y desvanecerse hacia nuevas experiencias.

Por supuesto, no tengo ninguna prueba física ni evidencia científica al respecto, solo las experiencias personales, como las puede tener cualquier persona, y que espero no malinterpretar influenciado por mi educación o por mis creencias, para poder compartirlas con los lectores, que para mí son como un amigo más que me escucha y comparte conmigo sus propias experiencias, a pesar de que la muerte puede tener, y tiene, muchas facetas.

Las distintas caras de la muerte

Clínicamente, el cuerpo muere cuando el cerebro deja de funcionar, poco después de que el corazón ha dejado de latir.

La materia de ese cuerpo muerto no muere. Parte de ella se pudre y da lugar a nuevas vidas de muchas de las larvas que a lo largo del tiempo han dejado los insectos, y que algunas veces sobreviven bajo tierra traspasando las hendiduras del féretro; y si el cuerpo es enterrado en la tierra, será un abono orgánico que alimentará a las flores y a los frutos, y las flores y los frutos alimentarán a otros seres en un ciclo natural casi perfecto.

Si se crema el cuerpo, las cenizas no desaparecerán, y sus compuestos minerales serán piedras, playas o montañas dentro de algunos millones de años.

Los átomos que nos forman tampoco morirán, seguirán vibrando hasta convertirse en energía o en elementos, porque en cierta forma son eternos; estaban antes que nosotros y seguirán después esparcidos por este mundo o por todo el universo.

Lo que no sabemos es qué pasa con la consciencia ni con la conciencia, tampoco con las experiencias vividas ni con los sentimientos, y mucho menos con el alma o el espíritu si es que en realidad los tenemos.

Sentimos que hay un ser interno, algo dentro de nosotros que no tiene explicación, y a eso le llamamos alma o espíritu, pero no lo podemos medir ni cuantificar, por lo que se nos escapa de lo que consideramos material.

Los pensamientos, el conocimiento, la consciencia, son procesos neurológicos, químicos y eléctricos, pero no sabemos si son una causa o un efecto, si están ahí para que podamos pensar, intuir, crear, imaginar y descubrir, como un proceso de alimentación y retroalimentación, o si son ellos los que piensan, los que creen y nosotros no somos más que autómatas, como decía Descartes, y la mente y el cuerpo son independientes del ser que creemos ser, por lo que al dejar de funcionar dejamos de ser para perdernos en la nada.

La muerte seduce y barre con todo

Sí, el cerebro tiene la capacidad incluso de alucinar y hacernos creer que lo que vemos no es lo que vemos, sino una fantasía, una ilusión de luz y de sensibilidad corporal, pero nada real. Sin embargo, muchas de las experiencias sobrenaturales con respecto a la muerte y al más allá no siguen estos procesos de alimentación y retroalimentación, sino que simplemente se dan tanto si estamos drogados, borrachos o serenos y en nuestro pleno juicio, como si la muerte nos llamara, nos atrajera o nos sedujera en una danza macabra a la que nos entregamos alegres o en trance, enloquecidos o dispuestos a dejarlo todo dando el salto final.

La vida entera puede ser una ilusión, o una simulación como proponen algunos autores de ciencia ficción, pero con fallos que los pragmáticos intentan explicar con la ciencia y nada de ficción, intentando ajustarlo todo a la realidad que nos circunda, y que debe tener una explicación lógica más allá de toda creencia, ilusión o superstición, pero casi nunca lo logra porque la misma ciencia puede ser del todo circunstancial, relativa e ilusoria.

La vida es un momento, pero la muerte puede ser del todo eterna y la única realidad verdadera y duradera.

El sufrimiento humano se libera con la muerte

La muerte barre con todo, y puede ser el destino final de toda la humanidad, del planeta y de todo lo que hay en él, y hasta del sol, nuestra estrella, con lo que las vidas, todas ellas, pueden ser solo una breve manifestación de la verdadera existencia, y quizá por eso hay quienes encuentran a la terrible muerte incluso deseable, hermosa y atractiva, pues es real, segura y toda sinceridad, o al menos una liberación ante el tedio, los absurdos y las injusticias de la vida, que causan el dolor, desaliento y frustración en miles de millones de seres humanos en su paso por la Tierra.

Cuentan que las personas que sufren en exceso en esta vida se convierten en fantasmas o almas en pena que se han quedado atadas a este mundo por terribles lazos de amor, odio, rabia, venganza o cualquier problema sin resolver, y que les atormenta tanto en el más allá, que no pueden ascender al mundo espiritual que les espera.

Fantasmas y almas en pena

Ver a un alma en pena, o fantasma, rondando por una calle o asomado a una ventana, puede parecer absurdo y hasta ridículo, fruto de la fantasía, de la cultura, de un condicionamiento previo, y hasta de un mal funcionamiento del cerebro; sin embargo, no todas las personas que ven a un alma en pena o a un fantasma tienen la misma formación ni los mismos hábitos, y tampoco la misma capacidad intelectual ni un condicionamiento previo, y, a pesar de eso, todas esas personas que han visto a un alma en pena o a un fantasma coinciden en el relato de su experiencia, incluso de sus sensaciones, sin haber un prejuicio o un conocimiento previo.

Algunas personas sí pueden estar predispuestas, pero otras nunca se imaginaron ni creyeron que ver a un fantasma o a un alma en pena pudiera ser real o posible.

No todas se asustan ni se les eriza el vello, pero casi todas tienen una sensación de frío cuando pasan por la experiencia aunque sea verano y la temperatura esté elevada en ese momento.

Un fantasma o un alma en pena puede ser vista por un niño, un loco, un médium, un contador público, un vendedor de libros o por un médico o un científico racional y serio. La diferencia no será el ver al fantasma, sino su manera de interpretar el hecho de que se ha visto a alguien que está muerto, enterrado o incinerado, y que ya no deambula físicamente por este planeta; y la interpretación es suponer que hay un dios, un ángel, una virgen o un demonio por haberle visto, o bien suponer que fue un lapsus, un juego de la mente, o algo de lo más normal pues no se tenía información previa de que en ese lugar había un fantasma, o un alma en pena para los más supersticiosos.

¿PUEDE UN ALMA ANDAR PENANDO DESPUÉS DE QUE SU CUERPO HA MUERTO?

Para algunos depende de la vida que haya llevado el fantasma en cuestión, para otros no tiene sentido que un alma pene una vez que se ha liberado del cuerpo, y para otros es una simple explicación prejuiciosa porque en realidad nadie sabe si es un alma de verdad, o si está sufriendo tras la muerte, porque puede ser un simple reflejo de lo que fue en vida, como dirían los egipcios, que consideraban que cada persona tenía por lo menos siete cuerpos, y uno de ellos no era más que una impresión holográfica de lo que la persona muerta había sido en vida, porque el verdadero ser interno, el espíritu, dejaba este mundo sin fantasmas de por medio, o no le importaba dejarlos, solo al Ka, el doble etérico, para que cuidara la tumba en su ausencia.

Obviamente, ante los fenómenos sobrenaturales, la interpretación cultural tiene mucho peso, y no es lo mismo morirse en Noruega que en el Senegal, o que en México o en Indonesia.

¿Alma o espíritu?

Hablando de culturas, para algunas el alma y el espíritu son lo mismo, pero para otras hay una distinción muy clara entre ellas.

Para las culturas populares, cualquier ser o cosa que provenga del más allá es un fantasma, un alma o un espíritu chicarrero, como dicen en México.

Para Platón, el espíritu era el "ideal perfecto" que no podemos alcanzar en este mundo ni en esta vida, pero los pueblos poco entienden de filosofías y barren parejo, y todo lo que no es de este mundo es cosa del más allá, exceptuando a los extraterrestres, pero no a los ángeles ni a los demonios, cuyos dominios se encuentran en los cielos o en los infiernos, pero relacionados directamente con nosotros y con el mundo.

¿Por qué nos duele la muerte?

A muchos les duele la vida, pero a casi todos nos duele la muerte.

Perder a alguien nos lleva inevitablemente a una sensación de duelo ante la ausencia de algo querido, un ser como nosotros que ya nunca estará presente.

Para algunos es una reacción natural, pues sabemos que muchos animales pasan un proceso de duelo cuando alguien de la manada, hijo, padre o compañero, muere, una respuesta de sanación emocional ante lo imponderable, y también una señal de que podemos ser los próximos en desaparecer.

Incluso la ausencia en vida puede ser dolorosa, y a veces hasta dramática, por la incertidumbre que causa el no saber de alguien realmente querido.

También puede ser una reacción química al no encontrar la respuesta hormonal de oxitocina que nos causaba la otra persona y que nos alegraba la vida con su compañía o con su simple presencia.

Hay, además, compuestos sociales y psicológicos de reafirmación personal, y hasta prestigio social, cuando mantenemos una relación afectiva, amorosa o amistosa con otra persona, que se ven socavados por la ausencia, por lo que la muerte, el abandono o el rechazo de dicha persona puede llenarnos de angustia, indignación, ira o tristeza, que no siempre podemos dominar.

Saber que una persona está muerta, anula la incertidumbre y apaga ciertas emociones negativas (como querer o desear matar al ausente), pero no palía el dolor.

Para paliar el dolor de la ausencia creamos fantasías de bienestar después de la muerte, y elevamos a la persona fallecida al mejor de los cielos y al cuidado eterno de los dioses. También hablamos bien del muerto y evitamos manchar su memoria.

Celebrarlo cada año, arrojar sus cenizas al mar, hablar con él en sueños, tenerlo siempre presente en casa, de una o de otra manera, ayuda a paliar el duelo, aunque hay momentos de nostalgia que pueden asaltar las emociones, avivar el dolor y atraer, aunque sea momentáneamente, el desconsuelo.

No falta quien siente una extraña confusión, o que no entiende por qué se ha ido de su lado el ser querido, y se pregunta sin hallar respuesta "¿qué es eso de la muerte? ¿Por qué existe un castigo tan tremendo?". Porque cree o piensa que la muerte del otro no tiene sentido, o que el mal ajeno le pasa al que queda vivo, y no al que ha muerto.

Muchas veces damos gracias a las divinidades para quedar bien socialmente, porque eso es lo que se debe hacer, pero en otras ocasiones maldecimos y odiamos a todos y a todo por el dolor de lo que consideramos nuestra pérdida.

La memoria es esquiva y puede olvidar o recordar a quienes han muerto, e incluso el alzhéimer le quita dramatismo a los recuerdos, ya que la intensidad del dolor va por barrios y por culturas, y hay personas que no se sienten obligadas a sufrir o manifestar dolor por alguien que ha muerto. Se siente, sí, pero lo justo y lo necesario sin tomárselo a pecho.

No falta el sentido del humor, o humor negro, con respecto a la muerte: "¿Cómo que se murió si me debía?". Tampoco falta la poesía:

NO

No lloro a los muertos
ni lloro la ausencia,
vivir mientras otros mueren
tiene algo de mala querencia,
hábito indigno
de no sentir
lo que otros dicen que sienten,
mintiendo o sin mentir,
pues a menudo el compartir
sin querer
te hace pariente
y contagia la emoción
por frío que sea el interior,
por cruel que el ego impaciente
corra por no sentir
el dolor como torrente
de una corriente sin fin
que te arrasa, que me arrasa,
y no entiende ni respeta
y te convierte en marioneta
de sentires sin control
y le hace la vida girones
a tu pobre corazón…
que de pronto se ha hecho mío…

Sí, sí, yo, tú, él, se, te, nosotros y usted
somos la misma y el mismo,
con distintas letras,
pero el mismo al fin...
por tanto, si mueres o te matan artera
y cobardemente,
también me matan a mí,
y no sé qué sentir,
mas no logro
llorar por mi propia muerte.

Somos ocho mil millones de personas en el mundo, y aunque mueren millones cada día, hasta el día de hoy el número de nacimientos supera al número de fallecimientos, por lo que la vida, al menos en este punto, es positiva.

Pero, ¿a dónde van las almas de esos millones de muertos?, no se sabe con exactitud, y son muchas las teorías, que es lo que veremos en los próximos capítulos, porque a algún lado deben ir las emociones y los pensamientos, porque, según Aristóteles, no existe el vacío ni la desaparición total en este universo.

SOBRE LA PLANCHA

¡Y bien! Aquí estás ya..., sobre la plancha
donde el gran horizonte de la ciencia
la extensión de sus límites ensancha.

Aquí, donde la rígida experiencia
viene a dictar las leyes superiores
a que está sometida la existencia.

Aquí, donde derrama sus fulgores
ese astro a cuya luz desaparece
la distinción de esclavos y señores.

Aquí, donde la fábula enmudece
y la voz de los hechos se levanta
y la superstición se desvanece.

Aquí, donde la ciencia se adelanta
a leer la solución de ese problema
que solo al anunciarse nos espanta.

Ella, que tiene la razón por lema,
y que en tus labios escuchar ansía
la augusta voz de la verdad suprema.

Aquí estás ya tras de la lucha impía
en que romper al cabo conseguiste
la cárcel que al dolor te retenía.

La luz de tus pupilas ya no existe,
tu máquina vital descansa inerte
y a cumplir con su objeto se resiste.

¡Miseria y nada más!, dirán al verte
los que creen que el imperio de la vida
acaba donde empieza el de la muerte.

Y suponiendo tu misión cumplida
se acercarán a ti, y en su mirada
te mandarán la eterna despedida.

¡Pero no!, tu misión no está acabada,
que ni es la nada el punto en que nacemos,
ni el punto en que morimos es la nada.

Círculo es la existencia, y mal hacemos

cuando al querer medirla le asignamos
la cuna y el sepulcro por extremos.

La madre es solo el molde en que tomamos
nuestra forma, la forma pasajera
con que la ingrata vida atravesamos.

Pero ni es esa forma la primera
que nuestro ser reviste, ni tampoco
será su última forma cuando muera.

Tú sin aliento ya, dentro de poco
volverás a la tierra y a su seno
que es de la vida universal el foco.

Y allí, a la vida, en apariencia ajeno,
el poder de la lluvia y del verano
fecundará de gérmenes tu cieno.

Y al ascender de la raíz al grano,
irás del vergel a ser testigo
en el laboratorio soberano.

Tal vez para volver cambiado en trigo
al triste hogar, donde la triste esposa,
sin encontrar un pan sueña contigo.

En tanto que las grietas de tu fosa
verán alzarse de su fondo abierto
la larva convertida en mariposa,

que en los ensayos de su vuelo incierto
irá al lecho infeliz de tus amores
a llevarle tus ósculos de muerto.

Y en medio de esos cambios interiores
tu cráneo, lleno de una nueva vida,

en vez de pensamientos dará flores,

en cuyo cáliz brillará escondida
la lágrima tal vez con que tu amada
acompañó el adiós de tu partida.

La tumba es el final de la jornada,
porque en la tumba es donde queda muerta
la llama en nuestro espíritu encerrada.

Pero en esa mansión a cuya puerta
se extingue nuestro aliento, hay otro aliento
que de nuevo a la vida nos despierta.

Allí acaban la fuerza y el talento,
allí acaban los goces y los males
allí acaban la fe y el sentimiento.

Allí acaban los lazos terrenales,
y mezclados el sabio y el idiota
se hunden en la región de los iguales.

Pero allí donde el ánimo se agota
y perece la máquina, allí mismo
el ser que muere es otro ser que brota.

El poderoso y fecundante abismo
del antiguo organismo se apodera
y forma y hace de él otro organismo.

Abandona a la historia justiciera
un nombre sin cuidarse, indiferente,
de que ese nombre se eternice o muera.

Él recoge la masa únicamente,
y cambiando las formas y el objeto
se encarga de que viva eternamente.

La tumba solo guarda un esqueleto
mas la vida en su bóveda mortuoria
prosigue alimentándose en secreto.

Que al fin de esta existencia transitoria
a la que tanto nuestro afán se adhiere,
la materia, inmortal como la gloria,
cambia de formas; pero nunca muere.

MANUEL ACUÑA

I
El cercano más allá

¡Cómo de entre mis manos te resbalas!
¡Oh, cómo te deslizas, edad mía!
¡Qué mudos pasos traes, oh muerte fría,
pues con callado pie todo lo igualas!
Francisco de Quevedo

Desde mi más tierna infancia tengo cierta facilidad para eso que llaman viajes astrales, tanto en sueños profundos y muy vívidos, como en estados de trance o vigilia como los que se producen cuando se medita o se realizan ciertos ejercicios de respiración o de yoga.

Las primeras experiencias para mí no eran nada importantes, pues no conocía nada ni del mundo esotérico ni del religioso, por lo que el desprenderme de mi cuerpo material para volar con el pensamiento, el alma o el espíritu era un simple juego, algo que pasaba sin que yo lo provocara o buscara algo a voluntad.

Algunos de los efectos especiales de las películas o dibujos animados de ciencia ficción me parecían de lo más natural, pues ya los había experimentado en mis viajes astrales, aunque difería en la forma en que presentaban a los seres de otros mundos, harto monstruosos en comparación con los seres que yo veía en mis propias experiencias.

La mayoría de los seres que me iba encontrando en mis viajes astrales eran de lo más normal, a veces con ciertas características o dones discordantes, pero bastante similares a los que pudiera ver en la vida diaria y material.

Por ejemplo, algunos insectos, que seguían siendo insectos en mis experiencias, tenían consciencia de sí mismos y hablaban y pensaban y sentían, pero no eran monstruos que atacaban a los recién llegados.

Alguna vez me asusté durante dichos viajes astrales, pero la verdad es que nunca fui objeto de hostilidad por los seres que me iba encontrando.

En esos viajes vi más de una vez el famoso túnel oscuro con la luz al final del camino, y lo recorrí sin tener que pasar por la experiencia de la vida y de la muerte, para encontrarme al final con esa luz azul pálido, casi blanca y de un tenue brillo, y a la que muchas personas llaman "cielo".

La luz al final del túnel

Vi al guardián azul, quizá por la influencia de mi cultura hindú, pero no vi devas ni avatares ni ángeles o seres parecidos, pero no dudo que otras personas los hayan visto al tener experiencias similares a la mía.

Un muy querido amigo, compañero de teatro al que llamábamos “El Gordo”, alegre y vivaracho, que producía sus propios vinos y licores en casa, tuvo un infarto frente a su compañera de piso, quien llamó de inmediato a una ambulancia e intentó darle el masaje pectoral indicado en estos casos.

La ambulancia llegó casi de inmediato, y tras el protocolo habitual se llevó al Gordo al hospital más cercano.

Tras varios esfuerzos, y cuando ya lo daban por muerto, su corazón volvió a latir lentamente, pero permaneció inconsciente varios días con un mal pronóstico, pues sus signos vitales eran muy débiles.

Todos los integrantes del grupo teatral fuimos a visitarlo, y nos turnamos para cuidarlo durante la noche por si había alguna novedad con su estado.

Cuando por fin despertó estaba la mar de contento, sonriendo y respirando suavemente, con el corazón en perfecto estado y sin rastro de problemas neuronales, según las pruebas que le hicieron.

No tardaron mucho en darle el alta, aunque era tan simpático, a decir de las enfermeras, que se lo hubieran quedado para siempre.

El Gordo no dejó de agradecerle al personal médico por salvarle la vida, pero también les dijo que tampoco era para tanto, porque en el más allá se “vive” algo mejor, por no decir estupendamente.

Además, para sorpresa de médicos, visitantes y enfermeras, nos relató alguna de sus experiencias mientras estuvo clínicamente muerto.

Se sabía, por ejemplo, todos y cada uno de los nombres de las personas que lo atendieron, lo que sorprendió a la mayoría y asustó y hasta molestó a un par de médicos. También conocía algunos detalles íntimos de cada uno, pero se abstuvo de revelar más de la cuenta.

El Guardián Azul

Cuando nos contó parte de lo que vio en el más allá, se parecía bastante a mis experiencias astrales de la infancia y la adolescencia, incluyendo al Guardián Azul o a la Muerte Encarnada, a los que ambos veíamos casi de la misma manera a pesar de pertenecer a culturas distantes, como la mexicana y la hindú, y sin haber hablado nunca del tema.

—¿Dónde está el más allá? —le preguntó una pícara enfermera.

—Bastante más acá —contestó sonriendo el Gordo—, a la vuelta de la esquina o detrás de esa puerta, mucho más cerca de lo que puedas imaginar.

La enfermera se sobresaltó y a todos nos dio un poco de escalofrío la respuesta a pesar de ser tan sencilla, como si llevara en ella algo más que nos puso los pelos de punta.

—¿Le dijeron los números de la lotería? —intervino una joven doctora para ahuyentar la extraña sensación de la anterior respuesta.

—Eso me lo guardo para mí —dijo el Gordo casi

riendo—, no vaya a ser que lo queme y que no me toque ni un peso.

¿CÓMO ES EL MÁS ALLÁ?

A lo largo de la historia de la humanidad las artes funerarias parecen apuntar hacia una misma dirección: el más allá es muy parecido al más acá, es decir, se conserva la misma imagen que tenía la persona en vida, a una edad más o menos joven, sana y agradable.

Desde los entierros más antiguos, a los difuntos se les enterraba con objetos que habían poseído en vida, un arma, un collar, comida, e incluso con otro ser humano que podía haber sido su pareja o su compañero.

El más allá está a la vuelta de la esquina

Los reyes, monarcas y faraones a menudo se enterraban con toda su corte, con sus esclavos o con sus guerreros, ya fueran de carne y hueso, como de terracota.

Si en un principio los entierros se hicieron para evitar malos olores y la presencia de depredadores o carroñeros, no tardaron en hacerse rituales, pensando que el más allá estaba al otro lado de las tumbas, y era muy parecido al más acá:

Había hambre y sed; riqueza y pobreza; peligros y amenazas; castigos y recompensas; jerarquías, mandos y obediencias; creencias y prejuicios; consciencia de ser y de estar; identidad, ego y recuerdos; estructuras sociales; prestigios y desprestigios; reflejos de la cultura vivida en este mundo; miedos y valores y un largo camino aún por recorrer.

Según algunas creencias populares, desde el más allá, que es aquí al lado, se puede ver el mundo material y lo que en él sucede, e incluso interactuar y visitar seres queridos y familiares para protegerlos o para despedirse, aunque sin la capacidad para influir más de la cuenta o hacer cambios sustanciales en lo que al mundo material se refiere, entre otras cosas, porque la mayoría de los vivos suelen ser muy necios y no hacer caso de nadie.

Algunas veces se baja para acompañar al ser querido en el trance de su muerte, y así hacerle menos duro el camino hacia el más allá.

Normalmente, el ser o el alma suele ir madurando en el más allá para comprender lo que sucede en el más acá, y no interferir más de la cuenta en lo que sucede, aunque siempre hay algún rebelde.

Es decir, en primera instancia, el más Allá es una especie de reflejo o continuación de esta vida, donde todo es muy parecido, aunque, según cuentan, lo que cambia es el sentido del tiempo y del espacio, si bien con una sensación corpórea de sueño lúcido y vívido, que impide a los muertos actuar de manera más efectiva en el mundo que han dejado atrás después de la muerte.

En segunda instancia, hay ciertas mejoras:

Cierta apertura de entendimiento.

No hay que trabajar para alimentarse.

Se empiezan a olvidar algunas funciones del cuerpo, aunque la sexualidad puede aumentar.

Se superan males y enfermedades del pasado.

Hay una especie de olvido, si bien no se pierde la consciencia de sí mismo.

Los asuntos superiores del espíritu siguen siendo un misterio que sobrecoge a las almas.

Las creencias religiosas siguen siendo una atadura, aunque se superan fanatismos y hay un mayor consenso con otras creencias.

Se disfruta de la paz y de la armonía de la otra existencia durante un tiempo indeterminado, que puede ser una eternidad o solo unos segundos.

En tercera instancia, hay que decidir si se sigue avanzando en lo espiritual, o si se desea volver a lo terrenal, cuyos lazos no se han roto del todo por estar en el más allá.

Nadie se queda en las zonas intermedias para siempre.

El ciclo del movimiento universal y espiritual debe continuar, lo mismo que los ciclos del ser, el estar y la materia.

EL MUNDO DE LOS MUERTOS

Prácticamente, en todas las culturas que conocemos y que en el mundo han sido, existe la idea popular de que existe un más allá como mundo de los muertos, donde se lleva una existencia muy parecida a la que se puede llevar en este mundo material llamado Tierra.

Un mundo onírico como el de Randolph Carter, creado por H. P. Lovecraft, con reyes y vasallos, luchas entre el bien y el mal, héroes y persona comunes y corrientes.

Los sueños pueden ser perfectamente el puente que une ambas realidades, el mundo de los vivos y el mundo de los muertos, siempre cercanos, aunque intangibles entre el uno y el otro, porque en los sueños no hay un tiempo y espacio como el que llevamos en este planeta, pero sí una presencia mutua donde los vivos pueden hablar con los muertos y viceversa.

El más allá, según algunos, se parece al mundo de los sueños, y el estar muerto es como estar dormido a la espera del despertar que es el nacimiento a la realidad del mundo presente. Los egipcios, por ejemplo, embalsamaban el cuerpo pensando que el alma regresaría a él tarde o temprano (unos tres mil años de sueño en los Campos Elíseos, un más allá ideal) para renacer en esta vida.

Restaurando el cuerpo de Osiris para que vuelva a la vida.

Llegar a los Campos Elíseos, el idílico más allá de los egipcios, no era nada fácil, pues era necesario pasar varias pruebas para que el alma no fuera consumida por el monstruo de la entrada, lo mismo que hacía Cancerbero, el perro de las tres cabezas, a la entrada del Hades a pesar de que el submundo griego no era nada idílico y ni siquiera agradable.

El submundo, el mundo interior o inferior, las cuevas de Supay-Supay en el inframundo Inca, e incluso zonas estelares, más cercanas al cielo que al subsuelo, de limbo, de purgatorio, de juicio o simplemente de paso entre una y otra existencia en el pensamiento popular.

El mundo de los muertos puede parecer fantástico para el mundo de los vivos, de la misma manera que el mundo de los vivos puede parecer de lo más extraño y curioso, aunque fascinante, al mundo de los muertos, como podemos ver en el siguiente relato:

¿DE QUÉ TE VAS A DISFRAZAR?

—¿De qué te vas a disfrazar?

—De nada...

—¿De la Nada?

—No, de nada. No pienso celebrar nada.

—¿Por qué?, la vez pasada celebraste con mucho entusiasmo, y tu disfraz fue de los mejores.

—Pues ahora no me voy a disfrazar ni voy a celebrar nada.

—¿Por qué?

—Porque me parece una tontería celebrar algo que no está ni existe.

—Sí existen. No están aquí, pero existen a pesar de su ausencia.

—Una superstición más que no pienso compartir

con nadie, ¡estoy harto de multitudes que celebran tonterías!

—No seas grosero...

—Celebra tú, si quieres, y disfrázate si te apetece, pero no cuentes conmigo.

—Estás así porque andas comiendo plantas y vegetales verdes y frescos en lugar de la dieta recomendada, gusanos y larvas.

—Como lo que me da la gana, y eso nada tiene que ver con estar cansado de tanto rito inútil para muchedumbres tontas y torpes que se dejan llevar por la agenda de los que mandan.

—Ya estás con tus paranoias, por eso nadie te quiere.

—No son paranoias, es la verdad, y agradezco no ser agradable ni querido, pues de nada me sirve que la masa acéfala me estime. Gracias.

—¡Eres imposible! ¡Y necio! Mira que negarte a celebrar algo tan importante y marcado para todos como el Día de los Vivos. ¡No tienes alma! Si sigues así vas a vivir.

—No estaría mal, así me libraría de todos ustedes... Vivir, ¡qué descanso! Pero supongo que tendré que esperar a que me toque vivir, porque no sé cómo se hace para lograrlo ni a qué vacío he de lanzarme para escapar de este contexto.

—No sabes lo que dices, y ni te imaginas cómo puede ser el más acá.

—No, pero sueño y deseo que al menos sea algo más soportable que todo esto.

—¡Pues para mí ya estás vivo!

—¿De verdad?

—¡Sí!

—No sabes cuánto te lo agradezco.

—¡Vive!

—Precisamente eso es lo que quiero.

DR. JAVIER TAPIA

En este contexto, un muerto puede desear estar vivo para experimentar el mundo de los vivos, aunque le tema, de la misma manera que un vivo puede anhelar el mundo de los muertos.

LOS NO MUERTOS

Los zombis, vampiros, incluso algunos demonios, son seres malvados, aunque atractivos, de las mitologías populares, que no están muertos ni vivos, sino en un estadio intermedio entre el más allá, al que aspiran y desconocen, y el más acá, al que atacan e intentan destruir o engullir para seguir en su estado de indefinición vital y existencial.

Zombis y vampiros, ni muertos ni vivos

Para estos seres es terrible estar atados a este mundo, pero tampoco parecen tener muchas ganas de desaparecer para siempre, pues siguen teniendo hambre, ansiedad y deseos de medrar y destruir, e incluso de contagiar para reproducirse de alguna manera y aumentar su número y su presencia en el mundo de los vivos.

Algunos titanes, elfos, ángeles, héroes, profetas, semidioses y hasta seres humanos normales que han caído en la maldición de no poder morir, como el Judío Errante, tampoco parecen estar muy felices con su eternidad, pero tampoco desean su destrucción, porque esos seres eternos, malos o buenos, no pueden morir, pero sí pueden ser destruidos y desaparecer para siempre del universo.

Se dice que una vida no es suficiente para aprender lo necesario que lleve al ser interno al reino de los cielos o la liberación espiritual; pero también se dice que demasiado tiempo en este mundo es más una carga que una ruta de ascenso y aprendizaje, sobre todo en el aspecto espiritual.

El mundo es complejo y requiere de muchas vidas de estudio, pero un exceso de vidas puede ser aburrido, como les sucede a los niños superdotados que se aburren en la escuela normal porque saben demasiado, a menudo más que sus profesores.

Por supuesto, hay ancianos y ancianas que se aburren del mundo y de la vida, ya que en su madura lucidez no encuentran realmente nada interesante en ella, sino convenciones sociales y morales, y repeticiones infinitas de las mismas tonterías e historias de la vida, con lo que no les dolería nada morir y abandonar este mundo que se les ha quedado pequeño.

Sí, hay gente anciana que se siente ni viva ni muerta, y sin ganas de continuar en ese estado de forma permanente, de la misma manera que hay personas jóvenes que tampoco le encuentran el gusto a esto de estar vivos, a veces porque confunden la vida con el sistema y sus pautas y exigencias sociales, o bien porque no le encuentran sentido a la existencia en sí misma, y la muerte les parece un nuevo viaje, una aventura, que puede librarlos del peso de estar en esta Tierra.

La vida es un paseo, y la muerte una liberación, un viaje maravilloso, aunque dé miedo, a nuevos mundos y a nuevas experiencias.

Hay frases hechas que aseguran que las personas que no comulgan con el sistema o no están a gusto con esto que llamamos vida, ya están muertos en vida, pero la verdad es que absolutamente nadie que cuente con signos vitales está muerto para nada, simplemente sigue su camino, y morirá realmente cuando le deje de funcionar el cuerpo físico.

Los muertos pueden aparecerse en este plano, y hasta disfrutarlo y encontrarle sentido, o sufrirlo y buscar venganza, pero no por eso estarán vivos, seguirán muertos, de la misma manera que los vivos que se acerquen o vislumbren el más allá, no morirán del todo hasta que les llegue la verdadera muerte.

La divertida o dolorosa eternidad de los fantasmas

¿TODOS LOS QUE ESTÁN EN EL MÁS ALLÁ HAN ESTADO VIVOS ALGUNA VEZ?

Pues, según diversas mitologías, parece que no, es decir, en algunas tradiciones, en el más allá, ya sea un cielo o un infierno, hay muchas más almas de las que podemos imaginar y albergar en este mundo, es decir, que la mayoría de ellas no ha experimentado la vida.

Algunas esperan su turno, un cuerpo donde asentarse para pasar una temporada, larga o corta, en la existencia presente, pero a muchas otras no les interesa venir a este mundo y nacer en cualquier lado y dentro de cualquier cuerpo porque la oferta no les parece demasiado atractiva pues los buenos lugares y los buenos cuerpos son escasos.

Sí, las clases privilegiadas en el mundo son escasas y nacer en ellas no es fácil; en algunos países hay abundantes clases medias que no lo pasan tan mal, pero no son suficientes para tanta alma; la dura realidad es que la mayoría de cuerpos disponibles se encuentran en China, África, India y Latinoamérica, donde los seres humanos suelen ser pobres, y no pueden ofrecer vidas muy agradables que digamos, aunque para muchas almas la experiencia vital valga la pena.

¿Se escoge el nacimiento?

Una de las teorías sobre la vida y la muerte sugiere que antes de nacer escogemos el lugar, la fecha y la familia donde vamos a experimentar el ciclo vital, tanto si esa familia es de lujo y está en el primer mundo, o de miseria, en el tercer o cuarto mundo, pues para las almas, que están ansiosas de nacer, cualquier lugar es bueno y las experiencias que van a pasar en este mundo son del todo pasajeras.

Tanto en las mitologías semíticas como en las de la India, hay miles de millones de almas, jivas o manifestaciones de la luz divina, eterna y continua, con lo que la Tierra tiene muy poca capacidad de dotarlas con cuerpos humanos.

En otras palabras, más que escoger el nacimiento es posible que las opciones que se les ofrezcan a las almas privilegiadas para nacer en este mundo sean sobre lo que hay disponible, así que no podrán escoger lo que deseen, sino sobre la oferta que se les haga por mala o buena que sea.

¿Un mercado de almas en lista de espera? Puede ser. Pero también puede ser que los lugares y cuerpos asignados correspondan a cada alma según sus méritos y capacidades, karmas, dharmas y vidas pasadas, o servicio a la comunidad de espíritus del más allá.

En ese caso, las mejores almas tendrían el derecho de escoger el lugar en la Tierra que les apetezca, desde los más sufridores hasta los más bonancibles, en los campos del bienestar físico, anímico y mental, agraciados con los dones de las artes y las ciencias, o dedicados a la vida ascética, e incluso destinados a tener fama, gloria y poder, o a pasar del todo desapercibidos en esta experiencia vital.

De esta manera, quienes sufren y lloran escogieron sufrir y llorar en esta vida como parte de su proceso existencial.

Mientras que los que matan y delinquen, roban, explotan y medran sin importarles el dolor ajeno ni la desgracia de los demás, también escogieron el camino destructivo desde antes de nacer.

Aquellos que no quieren tener demasiada acción ni grandes responsabilidades, bien pueden haber elegido el camino de la ignorancia, el fanatismo o la negligencia, a sabiendas de que serán otros los que tomen las riendas y los utilicen como empleados, sirvientes o esclavos, que al fin y al cabo también es una experiencia.

Y los que llevan una vida sana, amorosa y tranquila, también así lo eligieron.

Por supuesto, la vida es tan compleja que a menudo las almas por nacer deben haber pedido una existencia diversa, con altos y bajos, habilidades y limitaciones, eventos dolorosos y etapas de franca felicidad.

¿LOS ÁNGELES ASPIRAN A SER HUMANOS?

Dioses, titanes, almas poderosas, devas y ángeles de todo tipo y religión, han tenido o tienen una relación más o menos directa con los seres humanos.

Diosas que se enamoran de los hombres, ángeles que se prendan de las mujeres, demonios que anhelan la sangre y la carne humana, dando lugar a nacimientos de monstruos o de héroes, de semidioses o de seres demoniacos; es decir, que muy a menudo las divinidades son el fiel reflejo de hombres y mujeres, prácticamente a su imagen y semejanza, con dones divinos, sí, pero con vicios y defectos humanos.

Los devas, por ejemplo, o ángeles para otras culturas, son harto sistémicos; es decir, parece que piensan y sienten de una forma muy parecida a los humanos, pues favorecen a los suyos con ganancias económicas, abundancia, suerte en la lotería, cuidados de salud para mente, cuerpo y alma, poder de mando y triunfos en todas y cada una de las áreas de la vida terrestre.

¿Cómo es posible que sea así?

¿Por qué no favorecen más las cuestiones anímicas y espirituales?

¿Por qué no dotan de más sabiduría e inteligencia a sus feligreses?

¿Por qué no se decantan a favor de la lucidez en lugar de favorecer a un deportista?

Muy pocos dioses, como Thot, dios egipcio, la musa Urania y la griega Atenea, parecen ser algo intelectuales, aunque no del todo, pero el resto de dioses, santos, vírgenes, devas y lo que sea, son del todo mundanos, y en algunos casos hasta promiscuos y sexuales a los que no les interesa para nada el crecimiento espiritual propio o de las personas que los veneran.

Dioses de la guerra los hay por todas partes y casi en todas las religiones, amantes de la invasión, la conquista y el asesinato sobre poblaciones vecinas.

Diosas de la fortuna se encuentran en todos lados que dan y quitan los bienes y los males del mundo material de la forma más caprichosa sin fijarse a quién dirigen su mirada. El dios del azar no comprende razones, necesidades o sentimientos, simplemente da y quita a su antojo.

A la hora de nacer se supone que escogemos la compañía de algunos de estos seres que viven eternamente en el más allá (aunque aspiren a ser humanos), Cielo o como se le llame, para que nos guíen al alumbramiento físico, mental y espiritual, donde una madre y un cuerpo en gestación nos esperan, a veces con amor y esperanza, y otras veces como un castigo divino o una molestia para el resto de sus días, siempre y cuando no formemos parte de los millones de abortos que se practican a diario.

Desde el más allá observamos y escogemos nuestra vida en el más acá

Como se ha apuntado antes, la gran mayoría de candidatas para recibirnos en su seno son pobres o de países subdesarrollados; otras, bastante menos, pertenecen a las clases medias de sus estados, con plazas de nacimiento algo más limitadas; y muchas menos en los países del primer mundo y en las sociedades modernas, con familias solventes y acomodadas; aunque todas esas madres bien pueden elegir el aborto y frustrar todos nuestros planes vitales.

Siguiendo esta línea de ideas, la mayoría de nosotros ha escogido, por tanto, venir a este mundo a sufrir, a no contar con demasiadas oportunidades, y a morir mal y pronto; y, sin embargo, parece ser que en el más allá hay colas interminables y eternas esperando para disfrutar o sufrir las mieles de este mundo.

Nacer es un misterio. Vivir es un milagro.

EL MISTERIO Y EL MILAGRO DE LA VIDA

Biológicamente, de cada 40 o 100 millones de espermatozoides (o almas que desean nacer) solo uno logra fecundar al óvulo, que aún tiene que pasar por varias pruebas y obstáculos, como abortos espontáneos, deseados o no deseados, y abortos provocados clínicamente por decisión de la madre o por problemas de salud, para nacer en este mundo.

Lograr ser dado a luz es casi como sacarse la lotería. Las probabilidades de nacer siempre son exiguas.Y, cuando por fin se nace, hay que superar los primeros meses y años de vida para mantenerse en este mundo, donde la mortalidad infantil, sobre todo en los países del tercer mundo, sigue existiendo.

Dependiendo del día de nacimiento, además, el destino de cada recién nacido está marcado, como las frutas y los vegetales, por un entorno astrológico:

- Aries, en el hemisferio Norte, es nacer como las plantas de la primavera, y por lo tanto habrá ímpetu y fortaleza.

- Tauro, también primaveral, no está mal, pues si bien disminuirá el ímpetu, aumentará la fortaleza.

- Géminis, finalizando la primavera, dará un destino más movido, y de la simple fortaleza se pasará a la habilidad de la supervivencia.

- Cáncer, entrando en el verano y perdida la frescura primaveral, dotará de resistencia, pero también de debilidad emocional.

- Leo, en pleno verano, la fortaleza se recupera, pero se pierde de vista la objetividad global y se entra en el círculo vicioso del egoísmo.

- Virgo, finalizando el verano, se agudiza la mente y se refina el entendimiento, pero el ego sigue demasiado presente a lo largo de su paso por esta vida.

- Libra, hay cierto equilibrio, pero también tendencias opuestas e incluso radicales, como el otoño mismo, que busca en vano la armonía.

- Escorpio, pleno centro del otoño donde ocurren los cambios climáticos más extremos, con la muerte siempre al lado, se debe estar dispuesto a todo.

- Sagitario, final del otoño, tendrá el don de la ambición, de la aventura y de las creencias religiosas, tacaño y expansivo a la vez, pues sabe interiormente que debe ahorrar para el inminente invierno.

- Capricornio, la vida no será tan fácil como parece, pues la exigencia del ascenso es perene, y el peligro de caer al fondo es constante.

– Acuario, la ruta de vida es el pensamiento, la mente, el cerebro, con el obstáculo de no ser siempre consciente de lo que se lee y no se aprende.

– Piscis sabe de antemano que su camino no será un sendero de rosas, y que le tocará pisar muchas espinas.

Sí, según se cuenta, se sabe perfectamente lo que será nuestra vida en este mundo desde mucho antes del nacimiento, pero a pesar de ello las almas que desean encarnarse por primera vez, o reencarnar, escogen nacer pase lo que pase y venga lo que venga.

Las reencarnaciones tienen prioridad sobre los seres de primera encarnación, para completar su formación en los avatares de esta vida.

La oferta no parece ser muy buena, ya que el 85% de la población nacerá bajo mínimos y quizá en un signo zodiacal poco placentero, un 10% lo hará con buenas garantías de crecimiento y desarrollo, y solo el 5% lo hará dentro de las élites y la riqueza, o con una muy buena perspectiva de vida.

Estadísticamente, Leo, Virgo y Cáncer son los signos que tienen más nativos en el mundo, aunque país por país hay ciertas diferencias, más que por latitudes, ya que tanto en el Norte como en el Sur del mundo, y a pesar de que hay estaciones climatológicas diferentes, las proporciones de nacimientos se mantienen.

Virgo, aunque no es el primero en todo el mundo, siempre se encuentra en segundo o en tercer lugar en todos los países del mundo, mientras que Tauro y Aries, tienen cierto repunte solo en Europa.

Sagitario, aunque por poco, es el menos representado a nivel global, siempre por debajo de Capricornio, que también es poco usual demográficamente.

Estos cálculos no se han hecho de manera metódica y continuada, al menos no públicamente, por lo que es usual que a menudo se tergiversen los números según la fuente, y, sin embargo, el signo de Virgo sigue siendo el más recurrente, quizá porque las almas quieren ser poetas cuando lleguen a esta vida, y mantenerse alejadas de lazos materiales que las aten a esta Tierra, al menos no por demasiado tiempo.

Se dice que las almas quieren nacer en Virgo porque es un signo humano, magnético, creativo y maternal, o paternal, y no un signo animal; lo curioso es que Acuario, el segundo signo humano del horóscopo griego, no es tan solicitado pues se encuentra en el octavo puesto de las almas que quieren experimentar esta vida.

También resulta curioso que el signo de los "sufridores", Cáncer, esté a media tabla en las preferencias de las almas por nacer.

Escorpio, que en algunos tiempos ha sido un signo de terror y muerte, está en noveno lugar, un número muy sugerente por su simbolismo esotérico relacionado con el limbo o el más allá, por delante de Piscis, uno de los menos deseados, y de Capricornio y Sagitario, los menos comunes en el devenir de las almas a este mundo material.

EL SENTIDO DE LA VIDA

¿De verdad tiene algún sentido la vida?

¿Por qué y para qué estamos aquí?

¿Cuál es nuestra verdadera función dentro de todo esto?

Según Durkheim, socialmente somos animales gregarios que realizamos, queramos o no, un papel dentro del organigrama social, ya sea de forma orgánica o mecánica, dependiendo de la complejidad y peso demográfico de la comunidad.

Como entes biológicos, basta con cumplir con las funciones fisiológicas para mantenerse con vida: respirar, comer, beber, dormir y reproducirse, aunque esta última no es indispensable, ya que nadie se muere por falta de actividad sexual, mientras que sí fenece si le falta aire, comida, agua y sueño, por lo que el sentido de la vida biológica es tan claro como limitado.

El alma, los sentimientos, las emociones, la conciencia, la moral, las creencias, los mitos y las supersticiones juegan un papel importante en las elecciones vitales, pero su sentido es siempre pusilánime, pacato, convenenciero y poco o nada duradero, por más que los filósofos y las religiones, lo mismo que la publicidad mercantil, se hayan encargado de magnificarlos y de venderlos al pueblo como una necesidad imponderable, que todos y cada uno de los seres humanos deben tener o aspirar a tener para darle sentido a la existencia.

Ser, sentir y hacer algo sería más que suficiente para que la existencia tuviera sentido alguno, aunque la idea de "tener sentido" no tenga ninguno y, en realidad, no sea nada importante, porque es más una romántica idea humana que una realidad contrastable.

"No tiene sentido imponerle o buscarle un sentido a la vida", porque la vida puede ser perfectamente funcional con sentidos o funciones inmediatas, pero sin un sentido final específico, ya que el alma o el espíritu, en el caso de que sea cierto que los tenemos, son una persistencia perenne que no requiere de sentido alguno con relación a la vida biológica y al mundo físico.

¿A qué vine a este mundo? La respuesta real y verdadera es sencilla: a vivir.

¿Cuál es el sentido de la vida? Morir.

Nada más, porque si hay un más allá, cercano o lejano, y si hay un sentido trascendente de esta existencia, ya lo veremos tras la muerte.

TRASCENDENCIA

Hay diversas interpretaciones al respecto, pero la trascendencia básica espiritual, con respecto a la existencia, es la idea de que el ser se mantenga después de la muerte física, con sus mismos pensamientos e identidad, como consecuencia de la vida que ha llevado en la Tierra.

Esta trascendencia puede apuntar a lo más elevado, como el Nirvana en el budismo o las habitaciones celestiales en Oriente, e incluso el cielo judeocristiano que más o menos comparten el catolicismo, el cristianismo, el judaísmo y el islam.

El ciclo eterno de la reencarnación

Pero también puede quedarse en tabla rasa y acceder a zonas como el purgatorio o el limbo a la espera del juicio final, el final de los tiempos, o la reencarnación.

Incluso puede pensarse como un descenso a los infiernos, como el Hades triste y gris de los griegos, el Mictlán de los mexicas, o la Cueva Sucia de los japoneses, donde hay más pérdida que trascendencia.

La muerte, los entierros en mastabas con el cuerpo modificado, joyas, fórmulas mágicas, y la propia trascendencia con el mismo nombre que se llevaba en el mundo, era casi una obsesión para los egipcios, donde los pobres que no tenían para esos lujos estaban destinados a la destrucción total de su identidad y, por supuesto, de su alma. Nada quedaba para quienes no podían asumir el costo de su propia muerte.

Las tumbas, o mastabas, eran para la nobleza y la gente pudiente, lo mismo que la preservación del cuerpo mediante la momificación; el resto tenía mucha suerte con el solo hecho de haber existido en este planeta.

Los católicos pudientes han creído muchas veces que el cielo se puede comprar con una buena donación para la Iglesia, o para el párroco del pueblo, mientras que la gente del pueblo solo puede acceder a una buena vida eterna portándose bien y creyendo con gran fe en sus divinidades.

En la India la reencarnación es la idea fundamental de la trascendencia anímica, porque la liberación espiritual es para muy pocos iluminados y santones, y volver a este mundo generalmente se hace dentro del mismo pueblo o familia, perdiendo parte del nombre original, pero manteniendo algo del ego y el alma vida tras vida, siendo la misma persona, pero con lapsos de olvido vida tras vida.

En este sentido los brahmanes mayoritariamente

renacen en brahmanes; los parias y los apestados reencarnan en parias y en apestados; mientras las clases y las castas intermedias renacen entre las clases y castas intermedias, y solo los muy elevados aspiran en subir de clase o de casta para su próxima vida.

Lo que trasciende, en todo caso y cultura, es esa parte del ser que aspira a otra vida, ya sea en el más allá o en su retorno al planeta Tierra, lo que le sucede a la mayoría de las culturas y etnias de este mundo, entre creencias religiosas y figuras divinas, aunque siempre hay algunas personas en este mundo que piensan que la trascendencia real es la consecuencia material y en esta vida de los propios actos, o la capacidad para hacer frente a las adversidades de la existencia, donde no hay más vida que la presente.

La nada reconfortante, diría Lao Tse, donde al final va a parar todo y por fin termina el ego y la vanidad de insistir en ser algo o alguien, cuando en realidad no somos nada de nada, apenas un breve e inaudible suspiro perdido en la vastedad del universo.

¿Para qué sirven los dones?

Al escoger vida, lugar y fecha de nacimiento desde el más allá en nuestro camino hacia el más acá, se supone que recibimos unos dones para desarrollarlos en la Tierra y cumplir con nuestra parte social en este mundo, lo que nos facilitará la estancia en la Tierra.

Todo ser humano es capaz de hacer cualquier cosa, tanto si tiene o si no tiene el don específico para hacerlo; lo hará mejor si tiene el don, y no tan bien si carece del mismo, pero podrá hacerlo si se prepara y se empeña en ello.

Hay quien nace para mandar, como Aries o Leo, pero eso no impide que Tauro y Géminis sean poderosos tiranos.

Hay quien nace para viajar, aconsejar, saber y entender, como Sagitario y Acuario, pero eso no impide que Virgo y Libra, que nacieron para servir y escribir, les ganen el lugar privilegiado.

Hay quien nace para la guerra y el sexo, el deporte y la magia, como Escorpio y Cáncer, pero eso no impide que el duro Capricornio y el hipersensible Piscis puedan ganarles la partida y desbancarlos.

Según la astrología esotérica, cada quien hace mejor para lo que está dotado, y cuando niega sus dones suele perder el camino de su propia vida, por lo que le costará más enfrentar el momento de su muerte, como le sucede a la mayoría de la gente que asume roles que no le están destinados, ya sea por ignorancia, por necedad, por necesidad o porque el mundo, signo y lugar donde ha nacido, no da las oportunidades para desarrollarse como un verdadero ser humano, sino como un esclavo, un menesteroso, un criminal, un gobernante, un enfermo o un lisiado.

No en vano en muchas creencias antiguas, como la japonesa, la peruana o la vikinga, una mala vida conlleva a una mala muerte, con lo que las almas perdidas que murieron mal y sin privilegios, suelen ser las huestes de los demonios del más allá o de los infiernos, que odian a los privilegiados y adoran asustar y espantar a los vivos que creen en ellos.

"No importa cómo se vive, sino cómo se muere", decían los aztecas, para tener una buena vida en el más allá. Una muerte digna da una existencia digna en la nueva vida, y una muerte indigna puede ser una condena en el más allá.

Infierno y más allá

Durante siglos, y hasta milenios, nacer y habitar este planeta sin tener una buena cuna y una serie de privilegios materiales, económicos, políticos y sociales, ha sido un verdadero valle de lágrimas.

Muy pocos afortunados han triunfado en este mundo, o, si lo han hecho, ha sido después de muertos.

Los nombres de sabios, genios, filósofos, poetas y científicos de gran calibre, se han perdido porque no pertenecían a élite o mafia alguna, mientras que muchos mediocres han silo elevados al Parnaso y se han convertido en referentes y en clásicos porque nacieron entre pañales de seda.

Para los miles de millones de pobres y miserables que en el mundo han existido, esta Tierra ha sido un verdadero infierno donde es escasa la comida, la inteligencia, el estudio, la salud y la alegría; mientras que para los privilegiados ha sido un verdadero nirvana o cielo donde no les ha faltado nada, y además han servido de ejemplo para los pobres que no tienen más remedio que creer y obedecer, porque así se les enseña desde pequeños: despreciar a su propia clase y a los suyos, y admirar a los héroes que les son ajenos.

La puerta del infierno olmeca

Entonces el más allá no está lejos, sino dentro de todos y cada uno de los pobres que jamás seremos famosos, ni viviremos bien ni tendremos dinero, y que tenemos que empeñar la vida y nuestro valioso tiempo vital en perseguir algo a lo que nunca jamás llegaremos.

Para muchos, la vida es una zona muerta, un más allá que aspira a la vida presente y a la existencia eterna que nunca se tendrá, por mucho que se reencarne o se rece, por lo que autores como Nietzsche y Kempis aseguran que muchos de nosotros somos fantasma, muertos en vida, atascados en un gris y triste más allá, donde el mayor pecado que podemos cometer, a decir de Schopenhauer, es haber nacido.

El verdadero infierno está en este mundo, con un Dios cruel, sádico y satánico al mando, parecido al que abre las fauces en la puerta del infierno olmeca, como señalaban los cátaros y reproducía Shakespeare; lo mismo que el paraíso terrenal, el más elevado, hermoso y divino, está en esta Tierra y es el mundo privado de las élites, de los reyes, los papas, los sacerdotes, los poderosos y los ricos.

¿LA IGUALDAD INEXISTENTE?

Lo único que nos iguala a los seres humanos es la muerte, aunque hay voces que aseguran que los verdaderos ricos y mandamases que gobiernan a la humanidad, hace tiempo que no mueren, que encontraron el elixir de la vida y la eterna juventud, el santo grial o la medicina que los mantiene vivos y activos por centurias y quizá por milenios, con lo que la muerte no les asusta ni los iguala con nadie para nada. Las que nunca mueren son algunas medusas, y la hidra verde de agua dulce, pero pueden ser destruidas o servir de comida a tortugas y peces, por lo que al final han de ir al más allá de las medusas.

¿Al final todos mueren?

Existe el mito de que los poderosos, los verdaderamente poderosos y ricos de este planeta, hace tiempo que buscan la inmortalidad por todos los medios, desde la helada criogenización, hasta cambiar su cerebro a otro cuerpo.

Esos ricos invisibles, esa élite humana que nos domina desde las sombras, no es divina ni es demoníaca, es de carne o hueso, y decide sobre fortunas, vidas, amores, querencias, climas, casas y haciendas como mejor les parece o como les da la gana, ya que lo tienen todo y lo pueden todo, y nada ni nadie puede acabar con ellos, y hasta es posible que a estas alturas sean tan sabios, que pueden viajar del más allá al más acá sin tener que pasar por el molesto trance de la muerte.

En la antigüedad se tenía claro que ir al más allá no era gratis, y si en la antigua Creta no tenías dos monedas para cubrir los ojos de la persona difunta, esta no tendría para pagarle a Caronte el viaje a través del Ponto para llegar al Hades y no quedar vagando para siempre hasta que su alma se desvaneciera y desapareciera como el humo de la eternidad.

Dos monedas te llevaban a un lugar frío, oscuro, triste y gris, pero donde seguías existiendo de alguna manera.

La jerarquía y las diferencias económicas y de clase se transferían del más allá al más acá y viceversa, quizá porque lo que se conocía de la vida era así de real y la imaginación no daba para una muerte y un más allá más empáticos y solidarios, más igualitarios, con lo que la miseria de aquí se trasladaba a la miseria de allá.

En el mazdeísmo y el cristianismo se apostó no solo por salvar distancias entre clases y economías, sino que se instó a que los más pobres, los más enfermos, los más débiles y los más desgraciados eran los que de verdad se merecían el cielo, y para acceder a él no necesitaban monedas ni privilegios, sino mucha fe, además de intentar ser obedientes y buenos.

"Es más fácil que un camello pase por el ojo de una aguja, que un rico suba al cielo", dice la parábola cristiana, pero no dice que los ricos, en el catolicismo y otras religiones, mandaron a hacer agujas gigantes con ojos descomunales por donde los camellos podían pasar sin despeinarse, a golpe de poder y de dinero.

En el budismo, los ricos y los poderosos no tienen privilegios para acceder al nirvana, ni los criminales tienen prohibido el acceso, porque el nirvana está abierto absolutamente para todos aquellos que hayan alcanzado la liberación espiritual y hayan cumplido con todos sus karmas y dharmas, vida tras vida, y reencarnación tras reencarnación, nada más.

II
Morir de amor, y amor eterno

La imaginación
y la fantasía
son el motor creador
de todas las realidades.
Albert Einstein

La cita con la que iniciamos este capítulo es una frase que se le puede adjudicar a Einstein, a Mark Twain, a Isaac Asimov o a Aristóteles, e incluso a cualquier persona sabia, aunque no famosa, sin darle el crédito que se merece, que además añadiría que el amor, sobre todo el de pareja, es pura ilusión, imaginación, idealización y fantasía; ficticio, sí, pero con una enorme carga de creatividad y sentimiento que puede llevar a una persona a morir de amor físicamente y dentro de la más dura y pura realidad.

La niña de Guatemala

Quiero, a la sombra de un ala,
contar este cuento en flor:
la niña de Guatemala,
la que se murió de amor.

Eran de lirios los ramos;
y las orlas de reseda
y de jazmín; la enterramos
en una caja de seda...

Ella dio al desmemoriado
una almohadilla de olor;
él volvió, volvió casado;
ella se murió de amor.

Iban cargándola en andas
obispos y embajadores;
detrás iba el pueblo en tandas,
todo cargado de flores...

Ella, por volverlo a ver,
salió a verlo al mirador;
él volvió con su mujer,
ella se murió de amor.

Como de bronce candente,
al beso de despedida,
era su frente -¡la frente
que más he amado en mi vida!...

Se entró de tarde en el río,
la sacó muerta el doctor;
dicen que murió de frío,
yo sé que murió de amor.

Allí, en la bóveda helada,
la pusieron en dos bancos:
besé su mano afilada,
besé sus zapatos blancos.

Callado, al oscurecer,
me llamó el enterrador;
nunca más he vuelto a ver
a la que murió de amor.

JOSÉ MARTÍ

MORIR DE AMOR, EMOCIONES QUE MATAN

Hay palabras que hieren, sentimientos que ahogan, sensaciones que duelen y emociones que matan, generalmente porque se han creado falsas y exageradas expectativas románticas, y no se ha tenido en cuenta la realidad de la vida, de los seres humanos y de las cosas.

Idealizar a las personas, los personajes, las situaciones, los gestos, la vida y los sentimientos, suele conllevar al fracaso, porque todo lo que hay en este mundo es falible, sobre todo cuando se le somete a la idealización.

Para algunos filósofos y eruditos, como H. P. Lovecraft y Schopenhauer, el amor romántico de pareja, por ejemplo, no es más que una emoción sexual momentánea y pasajera que intenta poseer a otra persona fingiendo o prometiendo una eternidad que no existe de ninguna manera, aunque muchas personas así lo crean y se lancen al vacío de las relaciones amorosas esperando que la otra parte, la pareja, se lance también.

Cuando esto no sucede, una de las partes se siente afectada, tocada de muerte y traicionada, y puede reaccionar violentamente contra la pareja o contra sí misma, y puede llegar a herirse o suicidarse, o bien asesinar a la persona que supuestamente amaba.

A menudo los sentimientos confluyen, y ambas partes se juran amor eterno, o bien reencontrarse en una próxima vida, si es que se reencarna, o en el más allá, para seguir disfrutando de la mutua compañía. Reencontrarse en futuro, cualquiera que este sea.

Este sentimiento o sensación de responsabilidad afectiva con respecto a la pareja puede durar toda una vida en algunos contados casos, pero la realidad nos demuestra que puede durar menos, o mucho menos, y que la traición, el desamor, los intereses materiales, las presiones sociales o laborales, las necesidades de atención y afecto egoísta, el desamor, el sexo que ya no funciona, o el simple aburrimiento y tedio cotidianos acaban con la relación y una de las partes se sienta más afectada que la otra.

La exageración emocional de los sentimientos

La traición, física, sexual, mental o emocional, junto con la envidia al crecimiento de la pareja, el orgullo, la inseguridad y hasta los pequeños odios cotidianos dan al traste con el amor más bonito del mundo, y de esta manera se matan los sentimientos y las promesas de amor eterno.

Hay quien, después de una mala experiencia afectiva, no vuelve a amar ni a entregarse a dichos sentimientos; pero también hay quien lo intenta varias veces, hasta conformarse con lo peor de lo peor, o hasta quedar del todo desecho.

Hay sentimientos que mueren y el olvido se encarga de ellos, pero los hay que son como zombis y permanecen dentro del alma, ni vivos ni muertos, pero doliendo y pudriendo a otros sentimientos.

Los psicólogos no dan basto al tratar a los dolidos y a los arrepentidos, pero no los curan ni les dan verdaderas alternativas, sino que los lanzan de nuevo al abismo de las emociones en busca de la normalidad, cuando las emociones y los sentimientos humanos de normal no tienen nada.

Se puede tener un gran afecto por otras personas, por supuesto, lo mismo que se puede tener un gran amor por aficiones, religiones, héroes, famosos o mascotas, donde las expectativas de respuesta son menores y diferentes a las que se tienen con respecto a la pareja, pero igualmente pueden ser experiencias dolorosas y hasta mortales cuando la realidad hace acto de presencia y el objeto del amor falla o no se comporta como esperábamos, y entonces llega la decepción y la sensación de traición y abandono, incluso si el objeto de nuestro deseo no falla adrede, sino que son las circunstancias y el contexto los que promueven su extinción.

Hay quien muere porque su artista favorito deja el escenario, o porque su equipo falló y no ganó el partido, incluso porque su perro le ladró y lo mordió, o hasta porque una persona, que le parecía simpática, dejó de hablarle.

La ley del silencio puede ser tan mortal como la palabra hiriente; el descrédito social puede arruinar todo una vida de logros; la ausencia o el exilio tan dolorosos como una llaga ardiente y abierta que supura pus y sangre; las emociones, en todos los casos y medidas, pueden ser motivo de dolor, enfermedad o de muerte.

Eros y Tánatos, el amor y la muerte, unidos frecuente y constantemente, que nos atan a los demás e impiden que el espíritu sea libre e independiente, capaz de subir a los cielos directamente.

Para muchas personas, sin embargo, el amor es la fuerza universal que mueve al cosmos y a la humanidad, y en no pocas culturas los dioses van en pareja y se aman eternamente, como las aves y los pingüinos que son monógamos, algo que no suele suceder entre los mamíferos.

El amor entre dos seres ha sido ponderado en diferentes etapas, no todas, de la humanidad, de la misma manera que el romanticismo ha estado presente en algunas épocas y en ciertas mitologías, pero tampoco en todas, con lo que el amor de pareja queda en un nivel inferior al amor universal que lo preña todo.

Amar a todos los seres y a todas las cosas de este mundo y de este universo ha sido un eje de entendimiento en la India durante milenios, donde los santones respetan hasta a las piedras que pisan, y no comen conscientemente ningún ser vivo, tanto es así que algunos se lamentan del castigo divino de tener que comer para sobrevivir, pues el simple acto de la ingesta conlleva, además de egoísmo y vanidad por satisfacer al cuerpo, la micción y la defecación, que para algunos de ellos son la podredumbre del alma y parte de las miserias humanas.

Otelo, o la muerte por celos

Ofelia muere ahogada de celos y de despecho, Otelo mata por celos, Werther se suicida al no ser correspondido, Sócrates se suicida al ser condenado al exilio; matar, morir, suicidarse por culpa de las emociones y los afectos contrariados no libera, sino que hunde más a los espíritus, nos dice Buda, y los ancla en el fondo de la vida terrestre impidiéndoles trascender.

Desde el punto de vista hindú y oriental, el trascender a otro plano existencial es más difícil cuando hay ataduras como las necesidades corporales, entre ellas el sexo (al que hay que evitar todo lo posible), la sed y el hambre (que son inevitables), pues todo deseo es un eslabón más de la cadena que ata a la tierra.

Los amores mundanos y los afectos son, para los santones hindúes y para otros ascetas del mundo, una de las ataduras más fuertes que impiden la elevación espiritual, pues son muy difíciles de romper, ya que el verdadero amor para ellos es respetar, cuidar y dar, y no desear ni poseer.

Amar a alguien vida tras vida y reencarnación tras reencarnación, es mantenerse atado al samsara, la rueda de la existencia, sin poder escapar de ella por bonito y romántico que sea.

Amar a todos, sí, pero sin ataduras, porque las emociones pueden matar sin que el viaje al más allá sea agradable, constructivo o evolutivo a nivel espiritual.

No hace falta que una emoción sea amorosa para que mengüe a una persona y la lleve a no desear vivir o a provocar su propia defunción.

Los deseos de ganar, de quedar bien, de defender a un poderoso o de mantener un nivel social o económico pueden llevar al paroxismo fanático, donde la razón está ausente y los celos, el odio, la venganza, la revancha y la envidia pueden ser mortales.

"El deseo ata", dijo Buda, "y por eso hay que despegarse de todo deseo".

La ausencia y la soledad, el exilio y hasta el silencio de la gente que nos rodea, pueden provocar emociones de angustia y fracaso, depresión y estrés. Sentirse extraño, olvidado o poco apreciado pueden ser catalizadores emocionales muy negativos, que no todo el mundo es capaz de soportar.

Hay grandes dramas detrás de no sentirse aceptado o sentirse apartado de lo que sea, incluso de un grupo de amigos o de compañeros de clase.

Sentir que no se pertenece a un país, ciudad o pueblo puede detonar verdaderas tragedias y comportamientos hostiles y antisociales; por no hablar de las burlas, las mofas o los desplantes por ser diferente, de alguna manera, a los demás.

"Quien no se quiere a así mismo, no podrá ser querido por los demás", reza el dicho, por lo que cifrar el propio destino en base a lo que piensen o hagan los demás, resulta siempre contraproducente para la autoestima.

Desaviarse del camino y pretender ser aceptado y respetado es un contrasentido, ya que en los demás no está la respuesta. Desear ser uno más entre todos, es una atadura inútil para los santones, los anacoretas y los ermitaños.

No todo el mundo puede ni quiere ser anacoreta, santón o ermitaño, porque, entre otras cosas, está lleno de deseos de aprobación, vinculación y satisfacción emocional, anímica y material, sin tener en cuenta que esos deseos son una desilusionante ambición, cuando no se logran, y un pesado fardo de aburrimiento y miedo cuando sí se consiguen.

Para el budismo no todos los amores y las emociones son negativas, pero todos los amores y todas las emociones atan de una u otra manera, y no dejan que el espíritu se eleve luego de la muerte a pesar del largo camino de las reencarnaciones.

LOS REENCUENTROS

Por otra parte, y encarnación tras encarnación, es muy posible que tanto en el más allá como en la vuelta a esta vida, nos encontremos con la misma gente que hemos conocido en vidas pasadas y con las que coincidiremos en vidas futuras, a menos que haya ascensos o descensos evolutivos y espirituales donde las separaciones son inevitables.

En India se dice que según la casta, así es la muerte y el renacimiento, mientras que en Occidente se puede pensar más en una afinidad espiritual o de formas de pensar y de sentimientos, que vamos refinando vida tras vida a la vez que nos mantienen unidos a nuestra fuente de contactos y de conocimientos.

Por eso hay, como si fuera un misterio, personas con las que congeniamos de inmediato y a las que nos parece conocer de toda la vida, y otras que nos parecen desagradables, aunque jamás nos hayan hecho ningún mal o daño.

Amor y simpatía a primera vista. Odio y antipatía a primera vista.

Cosas de química o de piel, o de recuerdos atávicos que nos acompañan existencia tras existencia terrena.

"Nosotros, los de entonces, ya no somos los mismos", diría Neruda, ni en el más acá y mucho menos en el más allá, porque las emociones y los sentimientos son volubles, lo mismo que las personas, incluso si encontramos al amor de nuestra vida en el infierno y lo rescatamos para traerlo de nuevo a la vida, como hace Orfeo con Eurídice, con un trágico final, porque Eurídice vuelve la vista hacia donde no debe volverla, y cae de nuevo en el Hades haciendo inútiles los esfuerzos y sacrificios del músico de los dioses.

Sin embargo, muchos creemos que del amor siempre queda algo en nuestro ser vida tras vida, y el gozo o el dolor que provoca nunca se borra del todo por más muertes y renacimientos que experimentemos.

Orfeo y Eurídice, el reencuentro en el más allá

A veces entramos en terribles conflictos con alguien aunque no queramos, y esa persona nos odia sin tener motivo alguno, y tropieza con nosotros y nos desea la muerte cada vez que nos ve.

A nosotros puede pasarnos lo mismo, lo que pasa es que a menudo no reconocemos nuestras propias fobias y faltas y culpamos al otro o a los demás para justificar nuestras desviaciones de conducta, pretextos a menudo inconscientes donde el mal no está en nosotros, sino en el ambiente o en la actitud de esos enemigos gratuitos a los que quizá les debemos algo de otra vida, o creemos que nos deben algo que sucedió en nuestras vidas pasadas.

En el amor tampoco queremos ser el personaje malo de la película, y rara vez admitimos nuestros fallos, traiciones o miserias, y minimizamos el daño que le hacemos al ser amado, e incluso le echamos la culpa y hasta le odiamos y le cargamos con todas las responsabilidades habidas y por haber en el mundo de la pareja, llegando al drama o incluso a la tragedia, cuando todo puede ser un simple reflejo de una vida anterior, o de la preparación para una vida futura, en donde no queremos volver a encontrar a esa persona por mucho que le hayamos jurado amor eterno del bueno.

Amor ciego a primera vista

Con los hijos, los padres, los parientes y la familia en general, puede suceder más o menos lo mismo, es decir, que podemos tener afinidades de vidas pasadas o de proyección hacia vidas futuras, lo mismo que diferencias, rencillas, odios o necesidad de cambiar de ambiente para seguir ascendiendo en el camino espiritual, por lo que hay cierta necesidad de romper lazos que nos aten a esta vida.

Las mascotas, a las que hay que respetar como a todo ser vivo, también son fuente de ataduras o de liberación, pues a menudo las tenemos por capricho o para cubrir huecos afectivos (como con los hijos), y formamos con ellas lazos hermosos, pero que a la vez son cadenas afectivas que pueden llegar al ridículo o al paroxismo, dándose paradojas como castrarlas por su bien, domarlas por su bien, encerrarlas por su bien, y manteniéndolas en cruel soltería como si nosotros fuéramos su dominante y posesiva pareja.

Un perro, que podría matarnos, a veces nos respeta y nos ama, sobre todo si le hacemos cariños y lo alimentamos, pero su amor en realidad no es universal ni eterno, sino amable, sumiso y convenenciero, como puede pasar con algunas parejas dependientes o unos hijos poco independientes, lo que no impide que en un momento determinado puedan atacarnos y mordernos.

Sí, también idealizamos romántica el afecto hacia nuestras mascotas y lloramos su ausencia o su muerte, y hasta pensamos que hay un más allá para gatos, perros, koalas, armiños, roedores, tortugas o las mascotas que sean, donde los encontraremos de nuevo al llegar nuestra propia muerte, sin respetar en absoluto la evolución espiritual de cada especie, como tampoco la respetamos en esta vida presente al tomarlas como mascotas, toda una falta de respeto para cualquier ser vivo.

Es más sana la relación entre especies cuando hay compañerismo y ayuda mutua, que cuando un ser depende de otro ser sin dar casi nada a cambio, porque dar compañía no está mal, pero tampoco es suficiente, sobre todo cuando a la mascota no se le pregunta si quiere o no quiere ser nuestra compañía, sino que se le seduce con halagos, comidas, limpieza de sus heces, haciéndola una inútil para vivir y sobrevivir según su propia naturaleza, e impidiéndoles una fertilidad y unas relaciones a su medida y correspondiente a su especie.

El afecto divino y eterno entre especies

Con el amor de pareja o de familia a veces nos relacionamos como si unos fueran los amos y otros fueran las mascotas dependientes, y hasta queremos que sea así en el más allá o en la próxima vida, sin importarnos la dignidad de las personas ni su evolución espiritual independiente.

En resumen, que si nos encontramos con los mismos seres vida tras vida y encarnación tras reencarnación, puede ser parte de nuestro propio aprendizaje y evolución espiritual, de la misma manera que puede ser una señal que nos indica que no estaría de más cambiar de tercio y elevar el listón del sendero espiritual rompiendo las cadenas que nos aten a esta Tierra, y quizá también a los lazos que nos retengan en el más allá.

¿Hay amor en el más allá?

Según la astrología kármica, y siguiendo el orden de ideas del capítulo pasado, el amor universal, más que el de pareja, puede existir perfectamente en el más allá, sobre todo en las zonas de reencarnación o tránsito entre distintas existencias, donde el ego todavía está presente y requiere de otros para autosatisfacerse, porque una cosa es amar, y otra muy distinta ser amado.

La correspondencia real de sentimientos algunas veces llega a ser mutua, pero, por gracia o por desgracia, no siempre es así, y la persona que ama lo hace porque cree que así debe ser, porque ha leído novelas de amor o porque ha visto películas románticas, y espera ser amada en la misma medida, sin tomar en cuenta la realidad de las cosas ni la inestabilidad de los sentimientos y las emociones propias o ajenas.

Enamorarse es muy distinto a amar de verdad, a comprender, perdonar, entender, conocer y superar los errores propios y ajenos en las relaciones sentimentales.

Los lazos emocionales son poderosos, pero no siempre lúcidos, y suelen ser más egoístas que generosos.

"Mientras te poseo y respondes a mis expectativas, te amo y te tolero; pero una vez que te he poseído dejas de interesarme".

"Quien ama más suele salir perdiendo y herido en sus relaciones sentimentales".

"El amor puede ser tan maravilloso como tóxico, un verdadero veneno que aniquila al alma aunque la haga feliz unos momentos".

Dependencia y codependencia, dirían los psicólogos, que puede trascender las fronteras de la vida e instalarse en el más allá, con el mismo riesgo de perder su hermosura y convertirse en una condena que aniquila al alma, y que no se supera en varias reencarnaciones, pues es un karma negativo con el cual se carga nacimiento tras nacimiento.

También puede ser positivo y no contener conflicto alguno, pero sigue siendo una atadura que mantiene al alma hundida en el mar de samsara.

En el mejor de los casos, el amor puede fundir a dos, o a varias personas en una sola alma, porque, al fin y al cabo, en el fondo todos los seres somos una sola cosa: la esencia luminosa continua y eterna, donde no hay egos ni nombres ni parejas, y mucho menos consciencia de ser y de estar, sino solo luz divina, con lo que todo amor, de pareja o universal, amistoso o casual, sexual o espiritual, no es más que una espuria infinitesimal del Todo, una breve y débil manifestación del Verdadero Ser, una jiva o expresión breve e instantánea de la inconmensurabilidad del cosmos.

"No somos nada", como diría Sócrates, o "lo somos todo", como diría Lao Tse, el todo y la nada a la vez, que es donde sale todo y a donde todo va a parar; el resto son ilusiones y vanidades, imaginaciones y necedades que duran tan solo una fracción de segundo en la inmensidad del universo o del multiverso.

El amor, entonces, hace que nuestra pequeñez se haga grande, o al menos lo parezca, y puede darse perfectamente en el más allá como se da en el más acá: una hermosa pompa de jabón que con el más leve toque de realidad explota de pronto y se desvanece para convertirse en dolorosa ausencia, o en nada de nada.

No falta quien tema e indique que la soledad es la que manda en la muerte y en el más allá, porque la muerte es un acto individual y nadie puede morirse por nosotros ni en nuestro lugar, por lo que el único amor posible después del fallecimiento es hacia uno mismo y con plena consciencia de la soledad que nos espera al otro lado, por lo que hay que cultivarla en esta vida y no tenerle miedo.

"Quien sabe estar solo, no morirá nunca", diría el poeta, aunque la verdad es que la soledad total y absoluta es difícil de conseguir, y la soledad parcial no suele ser deseada por muchas personas en este mundo, entre otras cosas, porque somos animales sociales y gregarios, y porque a la soledad se le ha hecho muy mala publicidad en los últimos dos o tres miles de años, como si fuera dolorosa e incluso una especie de pecado.

El pecado de la soledad, aquí y en el más allá

"Quiero que sepas que no estás solo", suelen decirte para animarte creyendo que la soledad te entristece o te espanta, cuando quizá lo que desees es realmente estar solo y que nadie te moleste con su presencia.

¿Hay sexo en el más allá?

Los íncubos y los súcubos nos dirían que sí, que hay sexo, lujuria y promiscuidad, deseos irrefrenables y todo tipo de sensaciones sensuales y sexuales.

Los ángeles custodios de la Biblia, también apuntarían en esta dirección, tanto, que en lugar de preservar y cuidar a la humanidad, descendieron y tuvieron relaciones sexuales y amorosas con los hombres y con las hijas de los hombres, de las que brotaron, o nacieron, los nefilim, unos gigantes terribles y tremendos ahora extintos, y quizá otros seres, como sucedió en la mezcla genética de los titanes con los dioses del Olimpo, o de los devas con los humanos, con Ganesha a la cabeza.

Los sueños lúbricos con la pareja o con gente del todo desconocida, incluso ya muerta, podrían ser otro referente de la sexualidad en el más allá.

Por supuesto, la sexualidad es muy terrestre, y la genética y sus posibles mutaciones y conexiones difícilmente se dan entre especies no compatibles, por lo que la existencia más allá de la vida supone una contradicción, o fantasía, con respecto a la posible unión entre muertos y vivos con reproducción, ya que la necrofilia se realiza en el más acá y no suele obtener embarazos y mucho menos nuevos seres, ya sea normales o monstruosos.

Tampoco se tiene conocimiento de nacimientos de almas en el más allá, limbo o purgatorio, tras relaciones sexuales o emotivas entre personas que ya han fallecido.

Se supone, en muchas creencias religiosas y supersticiones mitológicas, que las almas nacen por generación espontánea o deseo manifiesto de los dioses, ya sea como creadores universales de todo lo que existe en el cosmos, o como creadores particulares de personas y personajes destinados a sobresalir o a dominar a la humanidad.

Jehová tiene a su pueblo elegido, el judío; mientras que Izanami e Izanagi, las divinidades fundadoras de las islas niponas, tienen a Japón como su pueblo favorito, único y realmente humano en este planeta, a base de sexualidad y limpieza, porque estos dioses eran muy activos sexualmente hablando.

Zeus no se queda a la zaga en materia de sexualidad y reproducción con todo lo que se le pusiera enfrente, seres humanos o animales, diosas, semidioses y posiblemente alguna que otra titánide, y a quien no puede dejar preñado o preñada, lo convierte en constelación o en estrella, como fue el caso de Ganímedes.

Ra crea al pueblo egipcio con una gran masturbación, y las relaciones incestuosas entre dioses y diosas son proverbiales.

El Emperador Amarillo, un ser humano, se casa y tiene descendencia con una diosa, Leizu, quien además enseña a la humanidad china a tejer y a cultivar la seda.

A la Coatlicue la embaraza una pluma de colibrí, y de esa unión nace Huitzilopochtli, el dios de los mexicas.

El sexo está presente en los cielos de muchas creencias y religiones, y esos cielos se encuentran en el más allá, por lo que no sería del todo descabellado que los muertos y las almas que no han nacido todavía gocen de una sexualidad como la que promete el islam a sus fieles tras la muerte.

Hacer el amor con el alma de la difunta esposa o del marido fallecido es una posibilidad en los mitos sobre el más allá, lo que haría del amor y del sexo algo más trascendente de lo que pensamos, y tal y como apunta el tantra yoga, sea una forma de elevación y conexión espiritual, con orgasmos que se convierten en viajes astrales impresionantes.

Quizá sea diferente a lo que experimentamos aquí y ahora, pero el sexo parece sí estar presente en los Campos Elíseos del más allá.

Yin y Yang en el más allá

Si no hay sexo como lo entendemos en la Tierra, lo que sí parece haber es género, es decir, la idea de lo masculino y lo femenino, y la potencia de dicha unión que da lugar al Qi, o centro de poder que une lo material con lo espiritual.

Más allá de la carne y el sexo físico, y por tanto hablando de espiritualidad, la fusión de dos almas puede constituir un paso hacia la liberación al convertirse en un solo ser más elevado que los dos que se han fusionado, como cuentan algunas leyendas chinas:

EL CASTIGO DE LOS DIOSES

Al principio no había división sexual.

Los seres humanos eran únicos, enteros, poderosos, creativos y eternos.

Tal era su belleza y su perfección que se llenaron de vanidad y regocijo.

Cada vez eran más poderosos y sabios.

Tan poderosos y sabios llegaron a ser, que un mal día decidieron desafiar a los dioses y ocupar tanto la Tierra como los cielos.

Los dioses, tan sorprendidos como molestos, y también tristes y dolidos, no tuvieron más alternativa que castigar a los hombres, aunque a punto estuvieron de borrarlos de la faz del universo por su atrevimiento.

Los dioses extendieron su manto sobre la humanidad y decretaron:

-Seréis mortales a partir de ahora, y la muerte no será un final, sino un sendero de aprendizaje para que valoréis lo bueno del ser interno, y que debéis cultivar, como las semillas del amor y del respeto.

-Tendréis que sufrir y luchar para comer, pues desde ahora el hambre será vuestra fiel y terrible compañera.

-Debéis aprender el amor, la humildad y la adora-

ción a vuestros dioses para no ser destruidos y aspirar a las habitaciones de los cielos.

-Ya no seréis uno perfecto, sino que estaréis partidos en dos, Yin y Yang (mujer y hombre), y tendréis que buscaros para completaros y dar a luz para sobrevivir a lo largo de los siglos y del tiempo.

-Mucho buscaréis, pero rara vez encontraréis a la parte que os falta, pues antes tendréis que vencer al orgullo, el ego, la necedad, el odio, la violencia, el deseo sexual y la vanidad que lleváis dentro, pues sólo las almas limpias podrán volver a ser uno solo.

-Solo así volveréis algún día a ser lo que eráis en un principio, puros, sabios, únicos, poderosos, sabios y perfectos.

La búsqueda del alma gemela, como propone el primitivo romanticismo chino, puede ser un verdadero dolor de cabeza que no conduce a nada, pues las almas en realidad son completas en sí mismas y no tienen un género como el que conocemos aquí en la Tierra, y tampoco una biología que los vincule con el fin de la reproducción.

Aquí en la Tierra el amor de pareja es funcional y una realidad relativamente joven, pues tiene solo unos tres o cuatro mil años de edad, ya que las formas de relación sexual, familiar y amorosa fueron y son muy diversas, desde los matriarcados basados en la maternidad o gen maternal, hasta las relaciones tribales con varios maridos, o poliandria, hasta las relaciones con varias esposas que continúa de manera abierta o solapada en nuestros días, o poligamia.

La bigamia sigue siendo muy popular, aunque se le intente disimular, tanto entre hombres como entre mujeres, y la promiscuidad, mientras las hormonas funcionen, son el pan de cada día y sin almas gemelas que completen a los seres.

Eso no impide que existan parejas que funcionen como tales, incluso si no son almas gemelas que se completen en todo y para todo, porque con el afecto, el respeto, la lealtad y la responsabilidad mutua basta y sobra, y no hay que esperar al más allá o al designio y perdón de los dioses para que esto suceda.

Nacer y morir, morir y nacer tiene su importancia, pero no por eso hay que desviarse del camino del propio ser, que al fin y al cabo es el que experimenta los sabores y los sinsabores de la vida y de la muerte, del más allá y del más acá, y quien se libera o se ata de este mundo de una o de otra manera, al menos desde el punto de vista del budismo y de los lúcidos santones, ermitaños y anacoretas que en el mundo han sido.

Dicen que solo las almas viejas, al menos viejas para esta vida, son lúcidas y comprenden el verdadero sentido de la experiencia existencial, porque lo han aprendido reencarnación tras reencarnación, o incluso repitiendo la misma vida.

III
Repetir la misma vida

Morir sin vivir,
vivir sin morir,
el eterno ciclo
del descanso eterno.
Robert Wall

Desde hace algunos años tengo la extraña sensación de que estoy repitiendo la misma vida.

Toda esta sensación empezó sobre los doce o trece años de edad al experimentar diversos *déjà vu*, en los que en ocasiones sabía exactamente qué iba a pasar y lo que se iba a decir, dándome tiempo para cambiar el guion de la escena al menos en lo que a mí correspondía.

Recordaba perfectamente si había hecho bien o si había complicado las cosas, lo que me permitía seguir por el buen camino, o el camino de siempre, o si debía cambiarlo todo y explotar o hacer una locura para darle un nuevo sentido a mi existencia.

Esta consciencia de saber lo que iba a pasar se convirtió en un juego de estira y afloje donde la "vida real" me pasaba por enfrente sin que yo me diera cuenta.

Algo raro y difícil de explicar, pues buena parte de mi vida ha quedado en el olvido, aunque sé que he vivido y he estado ahí, parece como si por determinados periodos me hubiera ausentado de mi propia existencia sobre este planeta.

Caminé, conduje, viajé y hasta amé sin darme

cuenta de lo que en realidad, o en esta realidad, estaba pasando. Mi cuerpo lo hacía todo por mí.

A veces me "despertaba" asustado, pues había recorrido varios kilómetros, cruzado calle, subido y bajado de un transporte público, sin darme cuenta, sin ser consciente de haberlo hecho y encontrarme de pronto en mi casa, en la escuela o en un parque sin saber cómo ni por qué estaba ahí.

"Pude haberme matado", pensaba y sentía un extraño escalofrío recorrer por mi columna vertebral.

Estas ausencias mentales empezaron a ceder sobre los 21 años, para dar lugar a nuevas experiencias donde, de una manera o de otra, sentía que estaba viviendo una vida repetida, pues no me reconocía a mí mismo e intentaba hacer todo lo que estuviera en contra de la normalidad para que esta repetición vital fuera distinta.

Estudiar, sí, pues siempre me ha gustado aprender, pero estudiar para trabajar, en absoluto.

Amar, sí, pero sin copiar los dramas de las telenovelas ni las convenciones sociales de matrimonio o pareja.

Tener fe, sí, pero en mí mismo dentro de la magia de la vida, pero no en religiones, sectas, ideologías ni metas ajenas o impuestas por el sistema.

Hablar y escribir, sí, pero no para complacer a nadie, diciendo siempre la verdad sin preocuparme si alguien se molestaba o se ofendía, incluso a sabiendas de que la verdad puede ser tan incómoda como relativa.

Contar con un techo, sí, por pura necesidad de aislamiento, pero nada de ser propietario de nada ni de nadie.

En un mundo capitalista como en el que nací, vivo y me he criado, el dinero no tenía la menor importancia, porque iba y venía hacia mí sin que hiciera demasiados esfuerzos. Nunca me han dejado ser pobre, no del todo, y en verdad que lo agradezco, pero de ahí a depender de lazos materiales y sufrir por mi seguridad económica, hay un amplio y largo trecho. El dinero, poco o mucho, siempre estaba ahí y solo tenía que estirar o encoger la mano para cogerlo.

El afecto ajeno es agradable, por supuesto, pero a menudo es una trampa de dependencia, un intercambio injusto que obliga y somete, o que trae atadas nuevas y pesadas responsabilidades, por lo que no me importaba que nadie me quisiera al no responder a los normales esquemas sociales, gregarios o familiares.

Cuando me portaba mal, pero seguía los esquemas de normalidad, todo se me perdonaba y la gente me quería; pero cuando me portaba exquisitamente bien, pero sin seguir los esquemas de normalidad social, la gente llegó a odiarme, envidiarme, evitarme y borrarme de su lista de afectos. Solo algunas cuantas personas, muy pocas, parecían no dejarse llevar por la corriente y me aceptaban siempre.

No saber nada de cantantes, famosos, películas, series de televisión o redes sociales era (y es) un delito que se paga con una especie de muerte social que te empuja a una vida diferente a la que el "destino social" había trazado para ti.

En cierto sentido y hasta el día de hoy, vivo alejado de mis otras vidas que podrían bien ser mi presente si hubiera seguido el sendero de la normalidad, pues tengo títulos universitarios y habilidades necesarias y suficientes para sumarme a la normalidad de las tres "c": casa, coche y casamiento. Tres asuntos por los que mucha gente sufre, llora, trabaja, mata o muere, y odia al mundo y a sus congéneres que tienen casa propia, coche en buenas condiciones y pareja más o menos estable.

El currículo para lograr tener las tres "c" consta de veintitantos años de estudios, cuarenta años de trabajo con apenas vacaciones, y una jubilación mezquina con la salud deteriorada para morir sin haber disfrutado en realidad de casi nada de lo que hay en este mundo, bueno o malo, y sin vivir más que una sola vida amenizada si acaso por el cine, la literatura y los programas y las vacaciones basura.

De hecho hay quienes pasan por este mundo sin haber apenas vivido experiencia alguna, sin embargo tampoco se puede decir que estén muertos en vida, tato porque es una forma de insultarlos o denigrarlos, como porque a su modo y manera sí que están vivos, sienten, creen, piensan, luchan y llegan al final, como llegamos todos.

Tal vez repiten vida, como siento que lo hago yo, y puede ser que tengan una vida interna muy potente, incluso si han sido engañados por el sistema que te dice qué creer, pensar, sentir, celebrar, amar, ver, leer, valorar, reír, trabajar, y hasta qué comer y cómo y con quién hacer el amor, marcándoles una agenda vital de la que en realidad muy pocos escapan, pero no por eso están muertos.

De hecho, la inmensa mayoría de la humanidad tiene más limitaciones que libertades, y la vida es un misterio para todos, sea una sola, varias o repeticiones de la misma.

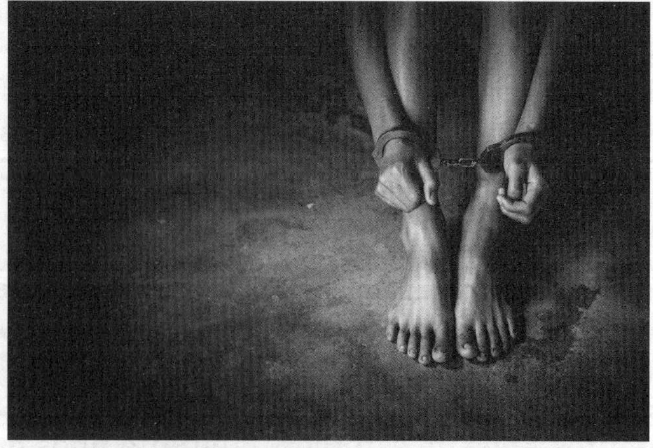

Humanidad, esclava de sí misma

¿Quién hace realmente lo que quiere en este mundo? Casi nadie, ni siquiera los dictadores ni los más ricos, famosos y poderosos, porque todos están limitados por su propio cuerpo, cerebro, sentimientos, emociones y, por supuesto, por la misma muerte, y quizá por lo inevitable que es vivir varias vidas para adquirir un poco de consciencia independiente, una chispa de lucidez y un acercamiento a lo que es realmente la espiritualidad.

El olvido, ya sea a lo largo de esta vida o reencarnación tras reencarnación, nos impide saber qué o quién éramos antes, de la misma manera que no sabemos quién seremos después.

OLVIDO ENTRE VIDA Y VIDA

Por tanto, y a pesar de los pesares, nadie está "muerto" mientras está vivo, y quizá nadie muera de verdad nunca, por mucho que se olvide del curso eterno de la existencia.

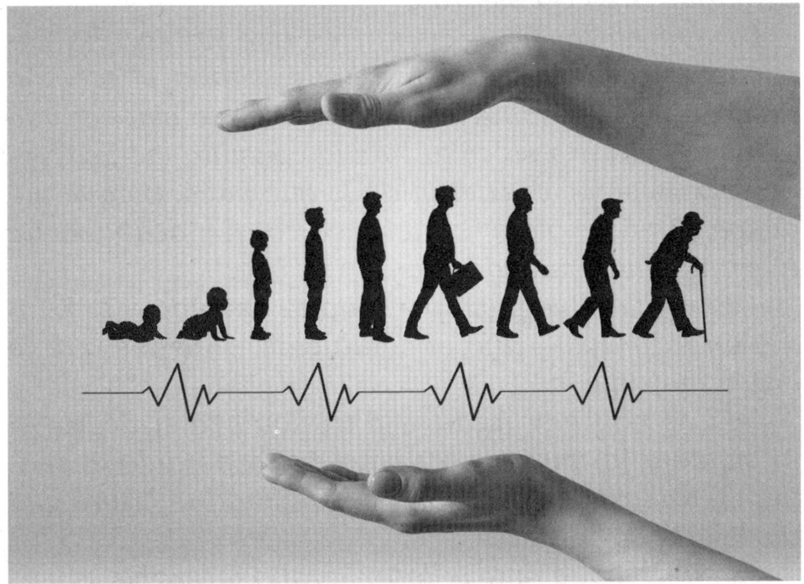

El repetitivo ciclo de la vida

Yo tengo la sensación de haber muerto y renacido varias veces en esta misma experiencia vital, sin tener consciencia de haber pasado por el más allá, quizá, como cuenta una leyenda, los dioses me dieron a beber el elíxir del olvido, la ambrosía divina que todo lo borra renacimiento tras renacimiento.

Algunas personas recuerdan parte de sus vidas pasadas, como veremos en el capítulo siguiente, pero de momento debemos centrarnos en la repetición de la vida presente, quizá hasta que nos salga bien, o simplemente para experimentar diferentes enseñanzas en la misma vida.

Primera muerte

Cuando tenía dos años acompañé a mi madre al médico, y mientras la auscultaba salí a jugar frente al consultorio.

Tenía un camioncito de carga, y me subí a un montón de grava para ver cómo se comportaba mi juguete cargando arena y piedras.

Lo que no tomé en cuenta es que había una camioneta estacionada justo donde estaba el montón de grava, ni el conductor miró debajo de ella cuando arrancó para ir a su casa tras la consulta médica.

Apenas si me di cuenta de lo que pasó, porque me desperté en la plancha del médico que acababa de hacerme unas radiografías.

—El cigüeñal le pasó por toda la espalda y lo hundió en la grava —dijo el conductor—, ¡pensé que lo había matado!

—Pues no tiene nada —lo tranquilizó el doctor—, ni siquiera un morado, aunque haya perdido el sentido; y tampoco la cabeza salió lastimada, ¡habrá que darle gracias a Shiva!

Mi madre, que nunca llora, lloraba y rezaba.

Yo, con mis dos años, no entendía nada de nada,

pero comencé a llorar desesperadamente al ver a mi camioncito completamente roto y aplastado sobre una silla del consultorio.

Después la vida siguió, y mi madre me compró un camión de bomberos de juguete, más grande y resistente que el camioncito de carga.

SEGUNDA MUERTE

A eso de los siete años tuve varias enfermedades poco usuales en Occidente, y fui tratado por médicos y charlatanes, santones y santonas, bebiendo menjunjes de todo tipo, incluyendo uno que preparamos mis hermanos y yo con todo lo que encontramos en la cocina y el botiquín de las medicinas.

Para probar su eficacia se lo dimos a beber a un perro robusto y agresivo en un recipiente con agua. Al ver que no le hacía daño, lo tomé, y fue tal la purga, que mis padres me encontraron desmayado y deshidratado, muerto o casi muerto a decir del médico.

Tardé una semana en despertar y dos en recupérame lo suficiente para ser severamente castigado.

Recuerdo que en mi ausencia soñé que volaba y recorría varias ciudades y pueblos, y veía diferente a los humanos, hasta que una voz me indicó el camino de regreso a mi cuerpo. Para mí habían pasado unos cuantos minutos, quizá media hora cuando mucho, mientras que en este mundo había pasado una semana.

Desde entonces comprendí que no debía ser médico ni químico en esta vida.

TERCERA MUERTE

A los catorce años de edad ya estaba muy lejos de la India, con mi padre enfermo de úlcera gástrica, y mi madre encargándose de los negocios, firme como una roca.

Mi inglés, pese a la escuela y al ambiente, no era muy bueno, y las pocas palabras y frases que sabía en indi se me estaban olvidando.

Yo rezaba todas las noches por la salud de mi padre, incluso pedí varias veces que me transmitiera su enfermedad para sanarla en mi propio cuerpo y salvarlo a él de la muerte que lo acechaba.

Una noche empecé a sentirme muy mal, con dolores y cólicos estomacales terribles. Vomité y defequé sangre, y a la mañana siguiente fui llevado al hospital, para que el médico dijera que no tenía absolutamente nada.

Mi padre parecía estar mejor mientras yo seguía expulsando sangre sin explicación alguna, hasta que una noche mi padre tuvo un colapso y a los tres días murió. Mientras agonizaba, yo sentía que también me iba al más allá sin remisión, pero al poco tiempo de la muerte de mi padre empecé a sentirme mejor dejando atrás los delirios y las deposiciones sanguinolentas.

En uno de esos delirios sentí que de verdad ya estaba en el otro lado, y me costó una buena temporada asentarme de nuevo a la vida cotidiana, como si hubiera nacido de nuevo.

CUARTA MUERTE

Fue a los 28 años junto con mi hermano mayor y en un accidente automovilístico del cual era imposible que saliéramos vivos, pero no solo salimos vivos, sino que además no sufrimos ni un rasguño.

Mi excuñada lo había predicho, como buena bruja que es, y nos lo advirtió antes de salir, pero no le hicimos caso y pusimos en duda su salud mental, algo que ya había hecho su psiquiatra con prescripción facultativa y receta de medicamentos para disminuir sus esquizofrenia paranoica que aun padece.

Mi hermano conducía quizá un poco rápido, y en

una curva nos salimos de la carretera precipitándonos a un pequeño barranco de dos o tres metros de profundidad.

Durante los breves segundos que el coche voló hacia el fondo, pensé claramente que era el final y di gracias por la vida holgada que había llevado, deseando que a mis hijos no les faltara nada tras mi muerte.

No sé en qué momento exacto perdí el conocimiento, pero cuando desperté los paramédicos estaban sorprendidos de vernos tan enteros tras un accidente tan aparatoso y en ese lugar donde otras personas en otros accidentes habían perdido la vida o quedado mutilados por el impacto de la caída.

El auto era de alquiler y estaba asegurado; una mancha de aceite en la carretera había sido la culpable; y mi hermano y yo no salíamos de nuestro asombro.

—Se los advertí —dijo mi cuñada cuando se enteró de lo sucedido y regresamos a casa—, pero no me hicieron caso, ¡necios!

—Pero estamos vivos —le respondió mi hermano.

—Eso creen ustedes —aseveró mi excuñada—, pero la verdad es que están más muertos de lo que parece, y desde ahora llevan la sombra del más allá con ustedes.

Quinta muerte

Acaeció al poco tiempo de habernos instalado en Barcelona y tras una helada que rompió las tuberías de la casa, solo un año después del accidente con mi hermano.

Esta "muerte" es la vez que más consciente he estado del más allá, pues, según mis muy vivas alucinaciones, vi de frente a la muerte, una hermosa mujer morena, entre mexicana e india, que me hizo señas como para que me apartara, porque todavía no era mi turno, aunque estuviera a más de 40 de fiebre y los médicos me dieran casi por muerto.

Padecí una pulmonía vírica atípica que no respondía a los fármacos habituales y que causó el fallecimiento de varias personas, incluidas las tres que me acompañaban en la habitación del hospital.

Durante varios días tuve la fiebre muy alta e incontrolada, junto con varias pesadillas y alucinaciones, pero un par de semanas después me daban el alta sin más secuelas que una pequeña mancha en el pulmón izquierdo que acabó por desaparecer en la última revisión.

Creí que no saldría vivo de esa experiencia, pero salí con la extraña sensación de haber muerto y revivido, o renacido y reencarnado dentro de la misma vida y con el mismo cuerpo, como si me faltara algo que hacer en este mundo.

Una sensación extraña y que no sé explicar del todo, con intervalos de pérdida de memoria, además de estados de inconsciencia, donde los recuerdos desaparecen o se mezclan con la fantasía a retazos, y que atribuyo a que en realidad he estado muerto varias veces en esta vida que voy repitiendo una y otra vez, mejorando a veces y empeorando o equivocándome en otras ocasiones, con la idea que moriré realmente y del todo cuando haya superado esta existencia.

Posiblemente he pasado por otras experiencias similares de las que no me acuerdo del todo, algo extrañas e inconexas, pero todas dentro de esta misma vida y diferentes a los recuerdos de vidas pasadas, de los que hablaré más adelante, si no desaparecen de mi actual memoria.

Memoria

La existencia es un ejercicio
de desmemoria,

relámpagos de recuerdos
y lo demás al olvido,
¿quién fui, quién soy?
¿Dónde estuve, qué hice, dónde estoy?

Recuerdo cosas
que en realidad no pasaron,
sensaciones de algo que no sucedió,
y dejo a un lado los nombres reales
y los hechos verdaderos
de amores, dolores, encuentros,
momentos que sí existieron
y que ahora no están
ni son
siquiera unos vagos recuerdos,
aunque a veces lo intento
y en recordarlos me esfuerzo
vida tras vida,
encarnación tras reencarnación.

Pero todo se olvida, todo se pierde
y nazco de nuevo vacío de cuerpo,
de alma y de mente,
de vida y de muerte,
y restos de algo
en esta memoria extinguida
que muere vida tras vida
y que quizá algún amor
me dejó abierta una herida
que el olvido no curó.

PANCHO ELENES

MEMORIA GENÉTICA Y REENCARNACIÓN

Cuentan algunos investigadores, como Richard Dawkins (*El gen egoísta*) que en realidad los seres humanos no somos nada, si acaso el transporte de los genes de nuestro ADN, ya que los genes son los que realmente perviven vida tras vida y muerte tras muerte a través de la reproducción, desde que existe la vida en este mundo, es decir, desde el alga azul y otras bacterias de hace 4500 millones de años, que se van transmitiendo a través de todos los seres vivos de la actualidad, incluyendo a los presuntuosos seres humanos.

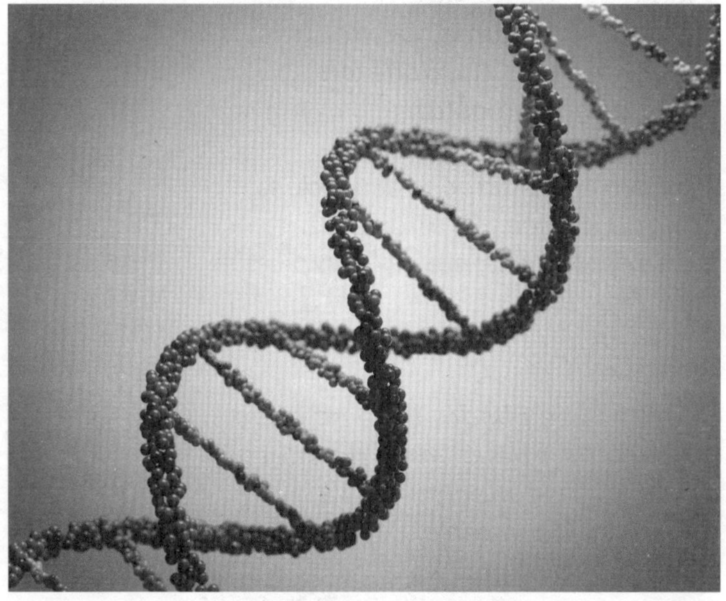

La eterna memoria genética

Los genes perviven mientras que nosotros morimos y desaparecemos sin dejar rastro de nuestra existencia.

Los genes son los que existen de verdad, de tal manera que quizá ellos sean eso que llamamos alma, e incluso espíritu, y que sentimos como la voz o el ser interno que nos acompaña siempre.

Los genes tienen memoria y se acuerdan de infinidad de cosas que nosotros olvidamos o desconocemos del todo.

Hablamos porque los genes saben cómo hacerlo y nos permiten hacerlo.

Escribimos y pensamos por la misma razón: los genes.

En ellos quedan grabadas todas las experiencias que obtenemos vida tras vida, y guardan secretos, dolores y alegrías, triunfos y fracasos por los que han pasado todas las generaciones anteriores hasta llegar a lo que somos hoy y en este momento.

El gen decide sin importar si acierta o se equivoca, porque para él no hay error ni acierto, ni bien ni mal, solo experiencias que aplica encarnación tras encarnación, y mientras nosotros vivimos en la ilusión de la moral y los valores, muchos de ellos impostados y de moda, el gen es práctico y pragmático, no se detiene ante nimiedades, porque siempre actúa.

Tomando en cuenta que los seres humanos no somos más que una masa de agua en un 85%, con algunos minerales y muchos virus, hongos y bacterias (hasta 3 kilos y medio) que viven y mueren en nuestro interior, movidos por impulsos eléctricos y supeditados a nuestros limitados sentidos, de materia real no queda más que un 10% de lo que creemos que somos, con unos electrones tan separados entre sí, que en realidad estamos constituidos más por vacío que por materia.

Nunca tocamos realmente nada, la sensación del tacto es repulsión de electrones; la vista y el oído, frecuencias de onda; el gusto y el paladar, reacciones químicas; los pensamientos, impulsos entre neuronas; el amor, hormonas; y la felicidad, simples neuro satisfactores.

Queremos conocernos a nosotros mismos, como dicen los filósofos clásicos y de redes sociales, y no tenemos la menor idea de cómo funciona nuestro cuerpo. Los científicos lo saben hace tiempo, pero han tenido que ser sociólogos como Guy Debord y

Gilles Deleuze, entre otros, los que lo han puesto sobre la mesa.

Somos, en todo caso, comportamiento, el mismo que el gen puede manipular ciñéndose al entorno y al sistema social que nos rodea.

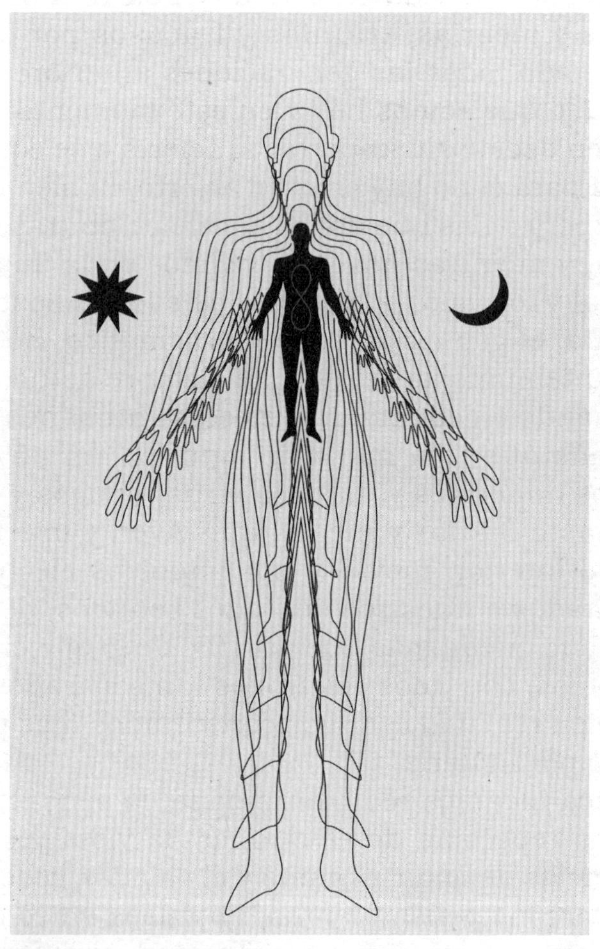

¿Recuerdos de vidas pasadas o memoria genética?

¿Recordamos realmente nuestras vidas pasadas?

¿Lo que se viene a nuestras mentes es simple memoria genética?

¿Son los genes los que cambian de cuerpo y no nuestra alma?

¿Somos algo o alguien, o somos simples vehículos de genes?

¿Soy yo quién repite la misma vida, o son los genes los que me hacen creer que la repito?

¿Queda de mí al menos lo animal?

Tenemos, como cualquier animal, instintos (o dominios cognitivos), que también están determinados por los genes, aunque son más funcionales y operativos que trascendentales.

Quedaría de nosotros la memoria que hemos recabado como mito o historia a través de las tradiciones orales y la escritura, o la memoria actual de nuestra propia vida, siempre llena de lagunas y hasta mentiras, de la que el alzheimer se ha encargado de destruir y desmitificar, con lo que nos queda muy poco, casi nada, de nosotros mismos en esta vida, y mucho menos en el más allá, del cual se podría decir que no tenemos ni idea, si acaso algunas leyendas y sensaciones sin justificar.

Nos olvidamos del hoy, y hasta de para qué habíamos ido a la cocina, y nos olvidamos mucho más del más allá y de las vidas pasadas o venideras.

Tenemos conciencia de lo que hace daño y de lo que da alegría o sensación de bienestar, pero no tenemos consciencia de la realidad actual ni de la realidad que puede estar, o no, en el más allá.

La memoria es traicionera, además de confusa, porque a menudo solo se acuerda de lo que le interesa, y generalmente siempre de manera sesgada, nada objetiva, mientras que los genes guardan una memoria exacta de lo que son, lo que fueron y de lo que serán, replicándose vida tras vida, con lo que nosotros en realidad no recordaríamos nuestras vidas pasadas, sino que recordamos las experiencias vitales de los genes que nos conforman.

Suena triste y hasta desesperanzador que sea el gen quien en realidad nos crea, mueve y manipula, el que vive eternamente a través de nosotros, y que quizá sea el alma real que nos sustenta y nos hace sentir vivos.

Quizá ahora lo obviemos y mañana lo olvidemos, porque sabremos la verdad el día que dejemos de reproducirnos y la humanidad se extinga junto con los dichosos genes que la conforman.

IV

SAMSARA, LA RUEDA DE LAS REENCARNACIONES

En la espiral de mis encarnaciones
he nacido varias veces
tanto en el futuro como en el pasado,
porque esta espiral no tiene
ni tiempo, ni fondo, ni alto ni ancho.
CANTO HINDÚ

Nadie vive solo una vida según la tradición Hindú, porque una vida no es suficiente para aprender lo mínimo, y a este universo hemos venido, sobre todo, a aprender y llenar de sabiduría al Eterno Continuo, del cual somos expresión y parte, como lo son las gotas de agua a la inmensidad de los océanos.

La reencarnación no es observada por todas las religiones y creencias, y en algunas tradiciones, como la semítica, la idea de reencarnar fue perdiendo fuerza ante la idea del Día del Juicio Final, donde hay una reencarnación final y definitiva, donde el que se salva pasa a la vida eterna, ya sin cuerpo ni carne, y el que no se salva desaparece para siempre.

Los griegos creían en la metempsicosis, es decir, en la transmigración de las almas, donde el alma de la persona que va a morir busca hospedaje en un cuerpo vivo, sin tener que pasar por el trance de la muerte, que puede ser muy traumático como veremos más adelante en el capítulo de el *Bardo Thödol,* y del que se salvaron Enoch e Isaías, los profetas bíblicos, que fueron elevados al Cielo ahorrándose la defunción, el entierro y el Juicio Final.

Para los egipcios, más que reencarnación vida tras vida, había la posibilidad de recuperar el cuerpo perdido tras algunos años de haber sido enterrado y momificado para que se conservara en condiciones de volver a ser usado. También había la mágica idea de vivir para siempre gracias a pociones que evitaban el desenlace final.

En China hubo una idea semejante a la vida eterna, con pócima y rituales mágicos de por medio, que más de un emperador se tomó en serio, con una posterior reencarnación en su propio cuerpo si la pócima fallaba. Dicha pócima estaba hecha con mercurio entre sus ingredientes, que lejos de dar vida eterna la acortaba a pesar de la promesa del regreso a la vida pasados unos cuantos miles de años. El taoísmo tiene dos vertientes, una que sí cree en la reencarnación para afinar las almas; y otra que espera y asegura que el verdadero final es la nada, donde se descansa eternamente de la vida y sus miserias, o de sus ataduras e ilusiones, porque el no ser es la verdadera finalidad del ser.

La religión Yoruba le da posibilidades a la reencarnación, muy apegada a lo que sucede en la Tierra, o pasar a ser alimento de los dioses, que en cierta manera puede ser una liberación a los deseos y emociones que torturan al espíritu, y donde las jerarquías terrenales y divinas mandan: si los hombres alguna vez fueron monos y se transformaron en humanos, la reencarnación grupal y evolutiva puede ser una realidad tras la muerte física. Nada se pierde, todo evoluciona y se transforma.

El sistema más elaborado en cuanto a reencarnación se refiere, es el hindú, que permanece en el jainismo y en el budismo, siguiendo las pautas de samsara, o rueda de las reencarnaciones.

La teosofía y la antroposofía dan por hecha la reencarnación más o menos al estilo hinduista, aunque con algunas variantes más o menos esotéricas más modernas y adecuadas al pensamiento occidental.

El resto de las creencias sitúan a sus muertos en un más allá cercano, del cual, al menos popularmente, la reencarnación es posible para sustituir a un miembro de la familia, superar un aborto o una muerte infantil, o para reemplazar a un ser querido.

Se supone que las reencarnaciones son para evolucionar positivamente, siguiendo el sendero correcto de la espiritualidad para alcanzar las moradas celestiales y existir eternamente en armonía y paz; pero también pueden ser involutivas, e ir descendiendo de humanos a animales, de animales a insectos, de insectos a reptiles, de reptiles a plantas y de plantas a piedras.

De esta manera, el reencarnado puede nacer como perro o como cerdo, algo que hizo Buda en alguna leyenda, y acostumbrarse a esa vida.

No es raro el caso de creer que el perro que encontramos y adoptamos como mascota amada y querida, sea un familiar o un ser querido que ha vuelto a la vida, y mientras más inteligente y amoroso sea, más se afirma dicha creencia; si bien es cierto que también puede encarnarse en una fiera, o en un perro malvado, para seguir haciendo daño e involucionar aún más.

Mi madre estaba segura que su octava hija era el reemplazo de su séptimo hijo, al que perdió trágicamente, y hasta aseguraba que el parecido físico entre ambos, lunares incluidos, era incontestable; mientras que una de mis hermanas, la mayor de ellas, juraba que su fiel perro era la viva reencarnación de uno de sus maridos fallecido en curiosas circunstancias. “Es que tienen la misma mirada”, decía.

SAMSARA, LA RUEDA DE LAS REENCARNACIONES

Cuando nacemos en este mundo, o en este universo, porque el pequeño planeta en el que vivimos no es más que una bola de agua y tierra, nos atamos de inmediato a la rueda de las reencarnaciones, de la cual salimos cuando tras el largo o breve viaje por lo material, la carne, la sangre y los huesos, llegamos a las puertas del nirvana, donde nos espera la existencia eterna celestial tras la liberación de las ataduras que nos sujetaban a samsara.

Hay quien se libra en el primer nacimiento y asciende espiritualmente, pero lo normal es que se pasen por lo menos 144 vidas y sus respectivas reencarnaciones, o al menos 110, dejando las 34 restantes para ayudar a la humanidad en su conjunto para que eleve sus niveles de vida y espiritualidad en armonía, algo que no es nada fácil, pero que se debe realizar e intentar de todos modos, para que otras almas alcancen el fin deseado.

ASTROLOGÍA HINDÚ

La astrología hindú (*yiotisha*) es muy parecida a la tradicional astrología griega, aunque muy anterior, pues data del segundo o tercer milenio antes de nuestra era, tiene sus propios signos y una estrecha relación con la astronomía moderna, por lo que se le considera una ciencia tanto como una creencia esotérica, donde samsara, la rueda de las reencarnaciones, está siempre presente de una o de otra manera, revisando tanto el comportamiento humano en relación con las estrellas en su posición real y no aparente o tradicional, con la Luna como estrella principal, y no el Sol como en otras astrologías, sin dejar de lado su aspecto espiritual evolutivo, es decir, que observa tanto lo humano y lo material, como lo que señalan los vedantas en un sentido más espiritual, sin dejar por ello de considerar la posible conformación de pesos, brillos y distancias de los cuerpos celestes.

Astrología hindú:
materia, ciencia y espíritu

Por otra parte, la astrología hindú contempla al ser humano como un universo donde las constelaciones le dan cuerpo sideral y dominio anatómico:

- Mesa (Aries) domina la cabeza.
- Vrisabha (Tauro) domina la boca y el cuello.
- Mituana (Géminis) domina hombros, brazos y manos.
- Karka (Cáncer) domina el torso.

- Simha (Leo) domina el corazón.
- Kaniá (Virgo) domina el sistema digestivo.
- Tula (Libra) domina el área umbilical y los riñones.
- Vrischica (Escorpio) domina los órganos sexuales.
- Dhanus (Sagitario) domina los muslos y las caderas.
- Makara (Capricornio) domina el esqueleto y las rodillas.
- Khumba (Acuario) domina las pantorrillas y la piel en general.
- Mina (Piscis) domina los pies.

De tal manera que, la astrología hindú es, además, una ciencia médica relacionada con el yoga y la medicina ayurvédica, sin dejar de señalar que, dentro de las leyes del karma y el dharma: lo que se ha sido en esta vida, lo será en la vida venidera.

Como te comportas en este mundo, posiblemente te comportabas en tu vida anterior.

En tu vida pasada aprendiste lo que sabes en esta vida presente, y en tu vida presente te proyectas hacia tu próxima vida.

Los males de tu vida pasada los curas en la vida presente, y los males de tu vida presente los curarás en tu próxima vida.

En una vida acumulas karma, y en la siguiente lo equilibras con el dharma, siempre que sigas una línea evolutiva positiva vida tras vida, de lo contrario te estancas en una vida cuasi eterna que no acabas nunca de solucionar, o involucionas a un estado físico, mental y espiritual inferior al que tienes en la presente vida.

El más allá también será acorde con tu comportamiento, avances o retrocesos que experimentes de una vida a otra, pudiendo ser de lo más normal y muy parecido al más acá, tanto como satisfactorio y elevado si has avanzado, como doloroso, molesto o hasta terrible, si no has avanzado o estás involucionando.

Por tanto, lo que recuerdes de tus vidas pasadas puede ser lo que marque el estado de tu vida presente.

Recuerdos de vidas pasadas

Como escribí en mi libro *Astrología Kármica* (Plutón Ediciones), quien más y quien menos tiene la sensación de haber vivido en otro tiempo, en otro lugar, y tanto en sueños como en meditaciones más o menos trascendentales, le aparecen imágenes más o menos breves de esas experiencias inexplicables.

Todos los infantes, hasta los siete o los ocho años de edad tienen estos recuerdos, sin saber cómo ni por qué, pero los tienen y a menudo juegan con ellos, por lo que los padres pueden pensar que son producto de la imaginación de sus hijos, cuando de pronto, y sin saber de dónde lo han sacado, el niño o la niña juegan a ser médicos, guerreros, comerciantes o artistas, con un lenguaje que no se les ha enseñado en esta vida, que no han leído y que no han visto en la televisión.

Al llegar a los nueve años, generalmente, los infantes van dejando atrás a sus amigos imaginarios y a sus juegos de otras vidas, dejan de recordar quiénes fueron antes de la vida presente, y sus juegos pasan a ser producto del ambiente.

Los hay que recuerdan perfectamente nombres, direcciones, ciudades y simples objetos cotidianos, como sucede con los descendientes espirituales de los lamas a los que se les hace más caso; y los hay que recuerdan frases, promesas, conflictos o dramas del pasado que se van desdibujando con el tiempo; e incluso otras culturas, otros idiomas.

Personalmente, recuerdo varias experiencias vitales pasadas. Unas llegaron meditando, otras soñando y otras más de manera extraña y espontánea.

- Recuerdo haber sido un niño de la selva en un lugar que era tanto salvaje y lujurioso, como altamente tecnificado, con jardines y plazoletas iluminadas con colores que no he vuelto a ver en este mundo. La tecnología, a pesar de ser un producto humano y de basarse en normas científicas, siempre ha ido por delante de la evolución del ser humano y de la ciencia.

- Recuerdo que vivía en otro planeta en un ambiente de color rojo, con su luna pegada al planeta por medio de un extenso puente natural, y un mar que llegaba a las puertas abatibles de mi hogar o de mi ciudad. Mi nombre era Plim, o Glim, y viajaba a todas las partes del universo simplemente vibrando.

- Recuerdo haber llegado, posiblemente a este planeta, en una nave de colores rojo y amarillo parecida a la del Yelow Submarine de los Beatles, tras una batalla contra otras naves, perdiéndolo todo y obligado a quedarme como un náufrago, sin más recursos que mis manos y lo que fuera encontrando.

- Recuerdo haber sido mujer dando a luz, y recuerdo los dolores y los olores del parto, las contracciones y los calambres, con mucho sufrimiento y placer al mismo tiempo, como espantada de ver nacer a mi hijo, un milagro de la naturaleza.

- Recuerdo haber muerto muy joven como soldado alemán de la Segunda Gran Guerra, sin ningún honor marcial y sin haber disparado mi fusil, pues caí en una especie de alcantarilla, quedé ahí atrapado sin poder moverme y sin que nadie me escuchara y ayudara, hasta quedar exangüe e ir muriendo poco a poco, al principio aterrado, pero luego cada vez más relajado hasta que me dejé ir del todo.

- Recuerdo haber sido un campesino mexicano al que mataron de un certero tiro de rifle por la espalda, un atardecer en el que estaba revisando el verdecer de la milpa con la esperanza de tener una buena cosecha de maíz ese año.

Muchos otros recuerdos los he ido olvidando, pero los que me quedan siguen siendo muy vívidos, como si los hubiera soñado o experimentado ayer, y no puedo negarlos por más racionalista que pretenda ser, porque están ahí, pegados a mi alma y a mi piel. Sé que he vivido antes de esta vida, y tengo la impresión de que viviré después, pues mi nivel espiritual no es el adecuado para entrar en el nirvana.

ASTROLOGÍA Y VIDAS PASADAS

Como apunté en mi libro, *Astrología Kármica* (publicado por Plutón Ediciones), hay tres maneras de calcular en qué signo se ha vivido la vida pasada, uno es por la posición de la Luna Negra Lilith, que se puede obtener en un par de minutos por Internet; la segunda es observando dónde está el descendente (opuesto al ascendente en la carta astral); la tercera forma es observando los karmas característicos de cada signo que se repiten en esta vida al provenir de la vida anterior, con el fin de que los depure el dharma, como veremos más adelante.

Incluso la numerología intenta hacerlo, pese a la arbitrariedad y diversidad de los calendarios, sumando lo dígitos del día, mes y año de nacimiento, lo que resulta bastante curioso teniendo en cuenta que los calendarios humanos son de lo más arbitrario a pesar de estar basados en los fenómenos siderales y en los ciclos lunares y solares, pues cada cultura tiene sus propios meses, años, días y hasta forma de contar las horas y los intervalos de tiempo con respecto a su propia historia.

Personalmente, tengo la Luna Negra en Sagitario, es decir, que muy posiblemente fui una persona Sagitario en mi vida pasada, y que debo depurar en la presente los karmas oscuros o negativos propios de ese signo, así como potenciar los positivos.

- Aries, del 21 de marzo al 19 de abril, elemento fuego, Cruz Cardinal, que viene de una vida pasada de trabajo, para desarrollar en la actualidad una vida de acción y responsabilidad.

- Tauro, del 20 de abril al 20 de mayo, elemento tierra, Cruz Fija, que viene de una vida de relajamiento, para trabajar en la vida actual.

- Géminis, del 21 de mayo al 20 de junio, elemento aire, Cruz Mutable, que viene de una vida infantil, para pasar a una vida de adolescencia.

- Cáncer, del 21 de junio al 22 de julio, elemento agua, Cruz Cardinal, que viene de una vida de felicidad, para enfrentar una vida de sufrimiento y crecimiento.

- Leo, del 23 de julio al 22 de agosto, elemento fuego, Cruz Fija, que viene de una vida de sufrimiento y crecimiento, para trabajar en su ego.

- Virgo, del 23 de agosto al 22 de septiembre, elemento tierra. Cruz Mutable, que viene de una vida seca y dura, para vivir una nueva existencia creativa y llena de emociones.

- Libra, del 23 de septiembre al 22 de octubre, elemento aire, Cruz Cardinal, que viene de una vida de acción, para desarrollar una existencia de belleza y armonía.

- Escorpio, del 23 de octubre al 21 de noviembre, elemento agua, Cruz Fija, que viene de una vida de trabajo material, para evolucionar a una vida de trabajo mágico y transformación personal.

- Sagitario, del 22 de noviembre al 21 de diciembre, elemento fuego, Cruz Mutable, que viene de una vida de adolescencia, para pasar a una vida de madurez, aventuras, viajes y empresas.

- Capricornio, del 22 de diciembre al 19 de

enero, elemento tierra, Cruz Cardinal, que viene de una existencia en el fondo y apegada a lo material, para pasar a una existencia de elevación y desarrollo espiritual.

- Acuario, del 20 de enero al 18 de febrero, elemento aire, Cruz Fija, que viene de una vida de ego, para pasar a una existencia intelectual y humanitaria.

- Piscis, del 19 de febrero al 20 de marzo, elemento agua, Cruz Mutable, que viene de una vida superficial, para pasar a una vida de trascendencia.

Cada persona, sea del signo que sea y haya nacido en cualquier lugar de este planeta, viene a este mundo a evolucionar, crecer, saber y sentir de la manera más positiva posible, y así poder acercarse a ese estado de consciencia llamado Nirvana de una manera individual, personal e independiente, pues así lo ha escogido desde el más allá o estado intermedio entre vida y vida, por lo que los signos del zodiaco y el sitio de nacimiento, solo son herramientas para conseguirlo.

LAS CRUCES DE LA EVOLUCIÓN EN EL MÁS ALLÁ

En la astrología kármica o esotérica para los teósofos, hay tres cruces que indican el nivel espiritual de cada signo, desde el menos evolucionado, hasta el más cercano al sendero hacia la puerta del nirvana:

- Cruz Mutable: la cruz de las almas jóvenes o poco evolucionadas de espíritu: Géminis, Virgo, Sagitario y Piscis, los niños del zodiaco que están aquí y ahora para aprender, jugar, pasear, experimentar y recrear el alma.

- Cruz Fija (algunos le llaman "Cruz Radical"): la cruz de las almas maduras con una evolución espiritual intermedia: Tauro, Leo, Escorpio y Acuario, los trabajadores del zodiaco que están aquí para soñar, pensar, producir y actuar en busca del despertar que los eleve al sendero de la puerta del nirvana.

- Cruz Cardinal: la Cruz de las almas viejas o evolucionadas espiritualmente, incluso si no lo parece: Aries, Cáncer, Libra y Capricornio, los responsables de mover la rueda de las reencarnaciones (samsara) para el ascenso global de la humanidad ante la puerta del nirvana, por lo que a menudo experimentan vidas muy duras, incluso si tienen fama, fortuna y bienes.

LOS CUATRO ELEMENTOS Y SU FUNCIÓN VITAL

Tanto en la astrología esotérica como en la astrología kármica, y en casi todas las astrologías, hay cuatro elementos (cinco en la astrología china) fundamentales formados de corpúsculos (átomos) imperceptibles que le dan un carácter esencial a cada signo:

- Fuego: elemento esencial y sanguíneo que le da carácter apasionado, egoíco y expansivo a Aries, Leo y Sagitario. La línea espiritual como acción y decisión entre la vida y la muerte, con el más allá como revelación.

- Tierra: elemento esencial y creativo que le da carácter económico, artístico y ambicioso a Tauro, Virgo y Capricornio. La vida y la muerte a través de la esencia de lo material, construyendo el propio más allá.

- Aire: elemento esencial y reactivo que le da carácter expresivo, calculador y rebelde a Géminis, Libra y Acuario. La búsqueda de la consciencia entre la vida y la muerte, con el más allá en el pensamiento.

- Agua: elemento esencial maternal que le da carácter psíquico, imaginativo y sacrificado a Cáncer, Escorpio y Piscis. El drama de la vida y la muerte, con un sensible más allá.

Según la astrología esotérica, y en parte la astrología kármica, la vida es una especie de escuela donde se aprende lo que hay en este lado de la existencia, para dotar a las almas de conocimiento que les permita elevar su conciencia y espiritualidad más allá de los lugares comunes, que son muchos, para adquirir verdadera consciencia.

La vida sería entonces una carrera universitaria con doctorado y maestrías donde el conocimiento y las experiencias serían lo más valioso, algo que a muchos sociólogos les parece inútil e infantil, porque la gran mayoría de los conocimientos que se nos ofrecen en este mundo son construcciones sociales, buena parte de ellas arbitrarias, sin base alguna, otras funcionales y subjetivas, incluso del todo falsas e impostadas, y muy pocas verdaderamente objetivas, por lo que tener que vivir y reencarnar 144 veces es demasiado, ya que un instante de lucidez, como indica el zen tradicional y no el budista, es más que suficiente para darse cuenta de la futilidad, inutilidad, absurdo y falta de sentido de la vida, por más que Camus inserte el amor para quedar bien ante sus lectores.

ESTADOS DE CONSCIENCIA

Por otra parte, si la vida y la muerte, como el nirvana, en realidad no son más que estados de consciencia, que no de conciencia, vivir o morir no tiene la menor importancia, ya que todo es un continuo en donde lo único que se pierde es el ego y la identidad, mientras que el ser, tanto como la existencia, son permanentes.

"Si la vida es memoria, el alzheimer es su remedio", cita el Dr. Keith Lewis, y a ese autómata que llamamos cuerpo, según Descartes, es el que muere, pero no el alma, pues el alma o el espíritu, a pesar de todo, permanece más allá de las funciones emocionales y cerebrales del cuerpo humano.

"El cuerpo es tuyo, pero tú no eres el cuerpo". Este actúa por su cuenta y sabe que su materia, sus átomos y partículas son eternas, que siempre han estado y que siempre estarán, y que lo único que hacen, ciclo tras ciclo, es cambiar de forma, de energía a materia y de materia a energía, con lo que todo lo demás no importa nada.

Nacer en un lugar y en una fecha determinadas, tampoco importa en lo que pueda haber de trascendentalidad en el ser humano, porque el ser es igualmente trascendente, ya que se acopla a la materia. Lo que cambia es la vida y las pocas o muchas oportunidades sistémicas y manidas que ofrezca cada cultura, algo que engaña a las personas, pero que al ser no le interesan para nada.

Quien nace en un ambiente criminal es muy posible que se convierta en un criminal y que viva como un criminal, sin embargo, por criminal que sea va a ir a la escuela y llevará a sus hijos a las instituciones normales de enseñanza; leerá la prensa, escuchará la radio, irá al cine, verá la televisión, irá a la iglesia o al templo, tendrá un nombre y hasta un alias, comerá lo que esté de moda y se emocionará con los triunfos y las derrotas de sus deportistas favoritos, e incluso se interesará por la vida y los hechos, ya no de los apóstoles, pero sí de los famosos a los que admire y de los héroes, reales o ficticios, con los que se identifique.

Seguirá siendo un criminal, pero eso no impedirá que esté atado al sistema como cualquier hijo de vecino, aunque los dos sean Virgo con ascendente en Capricornio y hayan nacido a la misma hora y el mismo día.

"A menudo el contexto pesa más que la influencia de los astros" (Sepharial). Ambos, sin embargo y a pesar de sus diferencias de papel en el concierto social, pueden alcanzar la lucidez en un instante, o seguir apegados a sus creencias vida tras vida, pues ambos pueden acceder al nirvana si alcanzan el estado de consciencia necesario y conveniente, o quedarse atados para siempre en el samsara.

El bien y el mal existen para efectos sociales, porque ambos además son un negocio lucrativo para las élites, pero en la naturaleza el mal y el bien no existen para nada, pero sí el afecto y la conveniencia, tanto como el hambre, los celos y la supervivencia, que no tienen nada de malo ni de bueno, sino que son inherentes a la condición animal y humana.

Carl Sagan señala que la filosofía de autoayuda que nace con Sócrates, Platón y Aristóteles, sin dejar de lado a Epicuro y a Zenón de Citio (el estoico), abogan por el amor, la paz, el bien, la bondad y todo lo que socialmente nos haga más aceptables, pero también más sumisos y obedientes, por lo que a menudo sus patrocinadores se olvidan de la verdadera importancia del conocimiento, la ciencia y el estado de consciencia de las personas.

"Lo que no es bueno para la abeja, no es bueno para la colmena", dicen, y tienen razón a efectos de control y estabilidad social, pero esotérica y espiritualmente en realidad no significan nada, pues la experiencia trascendente es personal: "Nadie puede comer, defecar, respirar o morir por ti", como señalaba el Bodhi Dharma, y tampoco nadie puede llevarte de la mano al nirvana por más que te señale el camino, pues quien tiene que caminar hacia allí eres tú, y nadie más que tú.

El nirvana no es un lugar,
pero está dentro de ti

Por supuesto que, naces con unas cualidades por la época del año en que vienes al mundo, como lo hacen también los vegetales y los frutos naturales (no los de invernadero), pero esas cualidades no harán que despiertes ni que adquieras un estado de consciencia más allá de la media y de lo que marquen tu cultura y tu ambiente contextual.

La astrología, lo mismo que otras ciencias, son una herramienta, pero de ti es de quien va a depender tu estado de consciencia, como nos cuentan el *Bardo Thödol* y *El libro egipcio de los muertos*, los cuales veremos en el próximo capítulo.

V
El Bardo Thödol, El libro tibetano de los muertos

El viaje hacia el más allá
puede ser maravilloso y alegre,
o terrible y espantoso,
depende de lo preparado
que tengas a tu corazón.
Bardo Thödol

En *El libro tibetano de los muertos* se ve claramente la influencia del budismo, aunque con dioses que Buda nunca consideró como reales; sin embargo, su visión del más allá y de lo que sucede después de la muerte puede ser de lo más acertado en el tema, entre otras cosas, porque parece nacer de experiencias reales que se identifican con las personas que han pasado por el trance de estar muertos en vida, aunque solo haya sido por unos minutos, como han testificado varios médicos sobre la posibilidad de que la muerte no sea más que una extensión de la vida, como se los han revelado sus pacientes.

No son pocas las personas que han estado muertas clínicamente, pues dejaron de tener signos vitales tanto de corazón como de cerebro, pero que han vuelto a la vida de una manera sorprendente.

La catalepsia, o el estado de aparente muerte, es un fenómeno conocido y no poco común, donde la persona parece del todo muerta, e incluso se le entierra, para descubrir después y con horror, que estaba viva y que murió realmente por estar enterrada y no ser capaz de escapar de su tumba.

Durante el Renacimiento y la Baja Edad Media, debido a la catalepsia y a la falta de instrumental médico moderno, a los enterrados se les ponía un cordón que activaba una campana en el exterior en el caso de que despertaran por haber sido enterrados vivos, de donde nace la expresión de "salvados por la campana".

El estado intermedio entre la vida y la muerte

Ya entre esos "salvados por la campana", las historias que relataban sobre su estado de cercanía con la muerte, señalaban que no todo acaba en esta tierra, pues en ese estado de premuerte algunos veían el famoso túnel con una luz radiante al final; otros vislumbraban una zona parecida al cielo, con nubes o nieblas entre blancas y azules; no faltaban los que se encontraban con el Guardián Azul o con una especie de ser sobrenatural o ángel, que les decía que su tiempo no había llegado todavía, y que tenían que regresar a este mundo para seguir viviendo el tiempo que en realidad les correspondía.

No faltaba quien viera una imagen religiosa, desde Shiva a Cristo, una Diosa Madre o una Virgen famosa, lo que fortalecía su fe religiosa al volver a este mundo; de la misma manera que una que otra persona veía demonios o monstruos que amenazaban con comerse su alma.

La mayoría lo pasaba bien en ese "estado intermedio" (que es lo que significa la palabra *Bardo*), y solo algunos sufrían y despertaban, o revivían, con un mal sabor de boca y con más miedo a la muerte que nunca.

Bardo Thödol

El *Bardo Thödol*, o el libro del estado intermedio, considera que la verdadera muerte dura 49 días terrestres, y que durante ese tiempo el alma tiene la oportunidad de alcanzar el nirvana liberándose del samsara, la rueda de las reencarnaciones, depurando su karma y alcanzando la pureza del espíritu.

Si no lo logra, lo más seguro es que vuelva a la Tierra encarnándose en un nuevo cuerpo, a veces ayudada por un deva o por una figura que le resulte familiar, que a menudo le hace de guía tanto al morir como al nacer.

La audición del estado intermedio entre la vida y la muerte

No se sabe a ciencia cierta, pero el budismo tibetano cuenta que el *Bardo Thödol* fue escrito por el iluminado Padmasambhava, sobre el siglo VIII de nuestra era, para ser descubierto en una misteriosa gruta por Karma Lingpa, ya en el siglo XIV.

Walter Evans-Wentz en 1927, lo tradujo al inglés, cuando ya era famoso en los círculos esotéricos del siglo XIX.

Como la palabra Thödol habla más de escuchar que de escribir, de oír que de marcar, hay quien supone que el *Bardo Thödol* en realidad era una enseñanza oral que fue transmitida de generación en generación desde tiempos inmemoriales, hasta que Padmasambhava (fundador del lamaísmo) lo pasó a escrito para mantenerlo en secreto junto a otras enseñanzas budistas, hasta que Karma Lingpa lo sacó del cuarto oscuro para que los monjes tibetanos y sus seguidores lo conocieran y supieran a qué atenerse en el momento de la muerte.

La primera parte, o *Estado transitorio del momento de la muerte*, describe el momento de la muerte, con su agonía, sueño, visiones o estados físicos, emocionales, mentales y espirituales justo en el momento de morir, y hasta de los estados de premuerte que experimenta la persona agonizante y que, generalmente, los demás, los vivos que le acompañan no distinguen ni ven, pero a veces los sienten, incluido el momento de mortalidad total, con la sensación de ausencia ante el cadáver que hasta hace unos momentos gozaba de vida.

Los cadáveres quedan como autómatas sin movimiento, y en ellos se percibe la decoloración y la ausencia de alma o ánima, por lo que, normalmente, en buena parte de la India se procede a su cremación, para lanzar sus cenizas al Ganges o a cualquier río sagrado, que son las aguas divinas que marcan el sendero de la iluminación, como hacía el anciano monje en el libro *Kim*, de Rudyard Kipling, o como a menudo se ve en los documentales televisivos sin que se dé más información ni el por qué se siguen estas tradiciones.

Por la muerte pasaremos todos, y por eso es necesario prepararse en vida para cuando llegue el momento y no tener experiencias desagradables.

Quien medita y depura su mente y su alma con frecuencia, puede adelantarse un poco y vislumbrar el camino.

Quien no medita y no depura su mente y su alma

con frecuencia, se verá arrastrado de golpe por la muerte llevando una carga demasiado pesada que le dolerá soltar, a lo que se sumará la angustia propia de la experiencia mortuoria.

Lo primero que se encuentra tras la muerte

Por eso, hay quien acepta la muerte con sabiduría, y quien no la acepta, la rechaza, y sufre y llora cuando llega el momento, aumentando así sus ataduras a lo material y sus penas emocionales, tanto, que incluso puede quedar atrapado entre los demonios y los monstruos de su propio pensamiento, y pasar muy malos momentos al traspasar el umbral de la vida.

La muerte es solo un momento, tanto si hubo o no hubo agonía, pues en un solo instante se pasa realmente al más allá, justo cuando el alma o el espíritu abandona al cuerpo de carne y hueso.

La cultura china, muy cercana a la cultura tibetana, habla del momento inmediato tras la muerte como el enfrentamiento a los demonios internos, más que lo que se haya hecho bien o mal en esta vida, y empezó a contemplar la reencarnación por la influencia del budismo, ya que sus señores clásicos y tradicionales no creían en ella, sino en la posibilidad de una verdadera vida eterna de manera física, e incluso, como los egipcios, con un retorno a este mundo con el mismo cuerpo tras unos 3600 años de reposo en el más allá.

La segunda parte, o *Estado transitorio de la realidad*, trata acerca del momento inmediato después de fallecer, de las ilusiones de Mara (o Maya) que se presentan en este estado, tales como las deidades iracundas para los creyentes budistas.

La muerte es una ilusión donde el ser florece

No suele durar mucho, pero para quien muere con miedo a la muerte puede parecerle eterno este estado transitorio.

En este estado, lo primero que aparece son las deidades en las que se cree, la gran mayoría de ellas apacibles y amorosas, otras indiferentes, pero que no inquietan, y deidades iracundas y de aspecto terrible, que en realidad ayudan al difunto a luchar contra los obstáculos que le impiden llegar al nirvana, aunque no todos los difuntos lo entienden así y ven en estas deidades a demonios y monstruos infernales.

Los seguidores del budismo más clásico no tienen más deidades ni más demonios que los que se llevan dentro, y tampoco más camino que el de la evolución positiva y el acceso al nirvana, que también es más un estado del espíritu y de la consciencia que un lugar.

Cada cultura ve, tras morir, a sus propios dioses, ángeles, santos, devas o lo que sea en que crean, antes de asentarse en el camino del medio y acceder a la elevación o al retorno.

Los infiernos en todo caso son personales, y también ilusorios y culturales, que no tardan en desaparecer más de 13 o 14 días de los 49 en los que se toma un sendero u otro.

Todas las ilusiones supersticiosas desaparecen, y puede haber recuento de vidas anteriores, verdaderos deseos de acceder a las puertas celestiales, o vocación de servicio a la humanidad para encarnarse de nuevo y ayudar a los demás a que encuentren el despertar y el sendero de la elevación espiritual.

Por tanto, se toma consciencia de quién se es en realidad, con lo que se borra en buena parte el deseo, el ego y las ataduras mentales y emocionales, aunque los expertos dicen que siempre algo queda, se medita y se reflexiona sin apuros ni presiones, se aprende o se recupera lo aprendido vida tras vida, se disfruta del descanso y de las maravillas de la existencia, y se prepara para el renacimiento, de la misma forma que debemos prepararnos para cualquier viaje o cambio, ya sea en la vida o en la muerte.

Deidades iracundas del más allá

La tercera parte, *Estado transitorio del renacimiento*, habla de las cuestiones prenatales, incluyendo el nacimiento de los instintos, indispensables en un cuerpo animal como el de los humanos, además de los dones y las características del lugar y la fecha del nacimiento, aunque no se adentra exactamente en la astrología, sino en el cultivo de la propia vida que viene del bardo para asentarse en este mundo.

También se toma en cuenta el aprendizaje en el más allá o estado intermedio, el karma que se ha limpiado y la evolución (e involución) del ser, que seguirá su camino positivo o negativo en la vida terrestre.

Hay que aprender a morir, pero también hay que aprender a vivir después de haber estado en el más allá, porque al volver a esta Tierra casi todo se olvida y muy pocos son conscientes de los hechos de sus vidas pasadas.

Los 49 días que se han pasado en el más allá de la cultura budista tibetana deben ser suficientes para que el alma se depure y aprenda para seguir su sendero evolutivo que le llevará tarde o temprano al nirvana vida tras vida, encarnación tras encarnación y muerte tras muerte.

Estos 49 días son interpretados de diferente manera, ya que el tiempo y el espacio no parecen ser los mismos en el más allá, y puede tratarse de 490 días, un poco más de un año; o de 13 días, en los que se forma el feto aún sin alma para recibir al próximo reencarnado, con lo que el tiempo del aborto está permitido durante esos trece días, porque a partir del día 14 el alma ya ha entrado en el cuerpo y abortarlo es un crimen espiritual, pues evita que el nuevo ser cumpla con su destino de llegar y vivir en este planeta.

LIBRO EGIPCIO DE LOS MUERTOS

Otro de los textos que habla sobre lo que es morir y pasar al más allá es el *Libro egipcio de los muertos*, mucho más antiguo que el *Bardo Thödol*, al menos en lo que los anales occidentales se refiere.

El doctor Tapia, en la edición del *Libro egipcio de los muertos* para Plutón Ediciones, nos ofrece un prólogo preliminar de la obra, para aclarar muchos de los conceptos que a menudo se tergiversan o se malinterpretan sobre las creencias egipcias con respecto a la vida, la muerte y el más allá:

Cuando alguien se quejó y dijo que en Egipto solo

había mastabas (tumbas rectangulares) y pirámides funerarias, como si los egipcios adoraran a la muerte; le respondieron que había muchas mastabas y pirámides funerarias porque en realidad los egipcios adoraban a la vida, y en cada una de ellas habitaba la esperanza de renacer en un mundo mejor.

Tanto es así que es raro que en una mastaba no se encuentre un Libro de la muerte en papiro o inscrito y escrito en las paredes, con fórmulas mágicas, palabras de poder, nombre del difunto y, por supuesto, las figuras de Anubis, Osiris y Matt, pesando el corazón del aspirante a los campos elíseos.

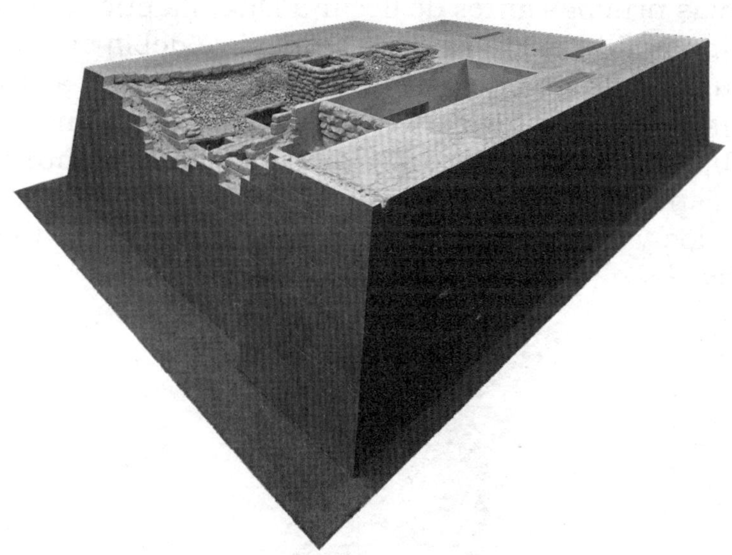

Mastaba o tumba egipcia tradicional

Los ejemplares más antiguos, encontrados hasta hoy, datan del siglo XVI antes de nuestra era, y los más recientes del siglo I anterior a nuestro calendario, con Osiris presidiendo el mundo de los muertos en lugar de Anubis, aunque la figura de Anubis en algunos casos siga estando presente.

El *Libro egipcio de los muertos*, tal y como lo conocemos hoy, es más una compilación ordenada que una copia del original, cuyo nombre verdadero es *el Libro del amanecer*, o del nuevo día, simbolizando con ello que para los egipcios tras la muerte física había un renacimiento feliz y luminoso, abundante y benévolo en un más allá que denominaban como "Campos Elíseos", una especie de paraíso tan celestial como terrenal, instalado en el mundo interior que no es exactamente un inframundo, sino un lugar mítico, aunque se debía recorrer el inframundo y sus pruebas y peligros antes de llegar a él.

Por tanto, en algunas traducciones, el inframundo es el mundo interior, donde el difunto ha de pasar diversas pruebas antes de llegar a Duat (la puerta a los Campos Elíseos), tras de la cual, si se debía superar la última prueba del pesaje del corazón (o del alma), a un mundo sin desierto ni penalidades, y donde se había de trabajar, pero sin las fatigas de este mundo presente, porque el difunto iba acompañado de sortilegios y talismanes que le harían fácil y grata toda tarea.

Ammyt, el devorador de almas

En este sentido, el difunto tenía que enfrentarse a sus propios miedos y demonios, a sus defectos y a sus virtudes (algo que también sucede en el *Bardo Thödol*), donde incluso tenía la posibilidad de hacer una confesión en su contra, o negativa, relatando sus desviaciones y errores para superarse a sí mismo en el más allá.

LA PRUEBA FINAL

Por regla general el no pasar la prueba final era la muerte después de la muerte y la desaparición final del ser con todos sus atributos y cuerpos etéreos, incluido el velo del olvido que se cernía sobre él:

Si no se pasaba la última prueba que consistía en pesar su corazón con la pluma de la diosa Matt (Maat en algunos textos), en la balanza del bien y del mal, donde el corazón para ser probo debía pesar menos que la pluma, su ser sería devorado por Ammyt (o Ammut), un monstruo entre serpiente, cocodrilo e hipopótamo, o entre cocodrilo, león y oso, que se comería sobre todo su corazón, aunque en algunas versiones engulle todo el cuerpo.

Los talismanes y sortilegios que vienen en el Libro de los muertos, podían servir para engañar a los dioses y a los demonios, incluyendo a Ammyt, como el escarabajo sagrado, que podía hacer las veces de corazón y así librar al ser de su terrible destino.

SALVACIÓN Y VUELTA A LA VIDA

No todos los difuntos estaban destinados a los Campos Elíseos; algunos muertos podían renacer antes de llegar al final de las pruebas y volver a este mundo en forma de ave o de persona, para reiniciar y mejorar la vida anterior en una especie de reencarnación rápida que sucedía al otro día de haber muerto.

Buena parte de la población creía en este tipo de reencarnación, sobre todo si se tenía a un bebé por nacer en puerta, o si se tenían pájaros o aves en el entorno, aunque la realidad era una reencarnación de consuelo para los más pobres que no tenían para pagar por una mastaba, una momificación y unas joyas y talismanes con las cuales dotar al fallecido para que intentara llegar a los Campos Elíseos.

La identidad egoíca del nombre

Uno de los mayores temores al enfrentar el proceso de la muerte es la pérdida del ego, la identidad y el ser quien uno cree que es, algo que en la cultura tibetana se da por sentado, pues en ella no existe el culto a la personalidad que domina en occidente, y que en Egipto también fue un factor importante:

Uno de los principales talismanes era el nombre propio, que para algunos investigadores es el representante del Yo Mental que da identidad al ser en este y en el otro mundo, por lo que no se podía perder de ninguna manera.

En el sueño de la muerte a menudo el difunto se olvidaba de su vida en la Tierra y no recordaba su propio nombre, no sabía quién era, y eso podía condenarlo para siempre, ya que al perder su identidad se perdía a sí mismo; por eso se le inscribía en el cuerpo, en la pared, en el papiro, en el sarcófago o en un collar que llevaba el difunto en el pecho, para que pudiera leerlo tras la muerte y saber cómo se llamaba y quién era.

LA IMPORTANCIA DE LA VOZ

El olvido no era una buena señal tras la muerte, y una de las maneras de no perder la memoria y rescatar los recuerdos de uno mismo era la propia voz, la capacidad de hablar, pues hablar está conectado directamente al ser y al pensamiento incluso en las siete almas o expresiones que componían al cuerpo humano, desde el Ka, guardián de la tumba, hasta el ser principal que respondía a su propio nombre y a la fluidez de sus palabras:

La voz, la palabra, era mágica y poderosa, tanto, que los egipcios la consideraban la expresión del corazón, y si la voz era pura, el corazón también lo era.

Si la voz temblaba, se agudizaba, se tropezaba o se perdía, era señal de que el difunto no era puro y, por tanto, no merecía pasar a los Campos Elíseos y debía contentarse con otra suerte.

En algunas leyendas se incluye la posibilidad de seguir adelante pagando a Anubis con joyas, talismanes o piedras preciosas; o solicitando la ayuda de Thot y su sabiduría, para sortear el pasaje de la propia voz; o incluso venciendo a estos dioses con el poder mágico de una oración, donde la voz volvía tener mucha importancia, pero esta vez apoyada por la magia.

Por supuesto, pronunciar bien los conjuros los hacía más efectivos, por lo que el muerto debía cuidar y practicar su dicción antes de leerlo en voz alta.

No solo había que hablar y decir, sino que se tenía que saber cómo hacerlo, Isis misma tuvo que saberlo para recomponer el maltrecho cuerpo de Osiris y volverlo a la vida.

Una buena voz, clara, sabia y profunda, podía salvar al difunto de los males que le acecharían en el inframundo, que no era precisamente un infierno, pero que se le parecía mucho.

La poderosa y seductora voz de Isis

UNA MUERTE DESIGUAL

Nacer y morir en el antiguo Egipto a menudo era todo un privilegio del que no todo el mundo gozaba, pues una simple tara física podía hacer inviable la entrada al paraíso de los Campos Elíseos:

Los muertos más privilegiados, tenían la oportunidad de viajar en y al más allá en la Nave de Ra, evitando así enfrentarse con demasiados monstruos, aunque sí podían sufrir el ataque de Apofis, la serpiente enemiga eterna de Ra, a la que debían combatir junto a los dioses para que no matara al sol y sumiera en las tinieblas al mundo para siempre.

El mismo Set, como castigo o como premio, acompañaba a Ra en su barca todas las noches, y según cuentan algunas leyendas, más de un difunto se sumaba a la tripulación de la embarcación divina para combatir al mal desde el más allá.

Muchas de las leyendas adosadas al Libro egipcio de los muertos son muy anteriores a la práctica de inscribirlo en las tumbas, lo mismo que muchos de sus encantos y sortilegios, mezclando la tradición con conceptos "más modernos" incluso dentro del Egipto Milenario, donde la figura de Ra fue perdiendo popularidad con el tiempo y sumarse a su barca tras la muerte no parecía un destino apetecible para los difuntos.

La sagrada nave de Ra

Es por eso que hay muchas versiones e interpretaciones de esta obra milenaria, y cada una de ellas es diferente a las demás, aunque con el común denominador de la muerte, la estancia en el más allá y el paso final a los Campos Elíseos, como diría Sir Wallis Budge, o como señalara más recientemente Paul Barguet (1967), que dan por sentado y obvio que solo unos cuantos merecen una buena muerte, un entierro espléndido y un más allá mejor que el más acá, donde se puede disfrutar de todo lo material con el mínimo esfuerzo.

EL COMÚN DENOMINADOR Y EL ORDEN DE LOS LIBROS EGIPCIOS DE LOS MUERTOS

El común denominador de todos y cada uno de "los libros egipcios de los muertos", es la muerte misma:

La estancia en el más allá donde se recupera el sentido y la voz, o la palabra, el camino en el mundo interior o inframundo, y la prueba final para acceder, o no, al otro mundo de felicidad y abundancia.

Muchos de los conjuros y sortilegios son muy antiguos, y otros más modernos, pero todos sirven para sortear los peligros del inframundo, satisfacer o engañar a los dioses, y llegar más o menos completos a Duat, la puerta final.

Así el orden de las versiones publicadas en los siglos XX y XXI es el siguiente:

- Muerte, entrada en la tumba, despertar en el más allá y recuperar los sentidos y la voz.

- Posibilidad de reencarnar en ave o en sí mismo al otro día del fallecimiento, o de ser reparado por la gracia de Isis, como Osiris, y despertar de nuevo a la vida a pesar de las heridas.

- Recordatorio o explicación de las cualidades de los dioses, posibilidad de repetir la vida que se ha vivido para mejorar y así aspirar a vivir de nuevo en el nuevo amanecer, en una especie de reencarnación casi inmediata, o seguir avanzando en el inframundo para llegar a Duat y vivir eternamente.

Reencarnar como ave al día siguiente de la muerte

- Viaje diurno en la Nave Sagrada de Ra tras la muerte, todo un privilegio que quizá no es para todos, para que al anochecer el difunto baje al inframundo y se enfrente a Osiris y a Matt donde será aceptado o rechazado dependiendo de la pureza de su voz y el peso de su corazón.

A las puertas de los Campos Elíseos

- Tras ser aceptado en los Campos Elíseos el difunto adquiere los poderes divinos y goza de las

provisiones materiales, alimenticias y mágicas con las que le enterraron, y, en algunas interpretaciones y versiones, la posibilidad de pasar a formar parte del elenco divino.

Por gracia o por desgracia, no todos los muertos eran iguales y no todos tenían las mismas posibilidades en el más allá, pues si bien desaparecían muchas de las penalidades terrestres, los ricos, los poderosos y, por supuesto, los sacerdotes y los faraones, gozaban de su jerarquía mundana en el más allá, simplemente por estar más completos físicamente, estar mejor embalsamados, llevar talismanes y conjuros más potentes o por tener sangre divina desde el nacimiento.

Sin embargo, si el difunto, por jerarca o faraón que fuera, no pasaba la última prueba, su corazón sería despreciado y devorado por Ammyt, lo que le condenaría a la muerte eterna y la desaparición total de su ser, o bien, si Ammyt se tragaba el escarabajo sagrado en lugar del corazón, quizá tendría la oportunidad de renacer en este mundo pasados los años, los siglos o los milenios.

Los cuerpos del ser

En el budismo también hay siete estados o cuerpos del ser que se dividen en cuatro inferiores: físico, emocional, mental y etérico; y en tres superiores o espirituales: ápnico, búdico y monádico.

Para los egipcios, según la tradición y menciones en el *Libro egipcio de los muertos*, los seres humanos cuentan con diversos cuerpos, desde cuatro, como en las fórmulas clásicas de cuerpo físico, mente, alma y espíritu, o hasta siete, donde el doble etérico, Ka, la sombra y la voz conforman al ser.

Ka, el doble etérico, se mantiene en la tumba, no

va al más allá; cuida y protege la tumba y la momia, y en algunos casos espera a la resurrección del difunto para encarnarse de nuevo.

La sombra y la voz son extensiones del cuerpo mental y del alma. A la sombra hay que superarla, como se superan los actos realizados en este mundo; y la voz hay que preservarla, pues en ella está el poder y la identidad, indispensables para lograr un buen lugar en el más allá.

El cuerpo físico debe estar completo y perfectamente embalsamado, y, si falta el corazón o un miembro, hay que suplirlos con un escarabajo sagrado si lo que falta es el corazón, o una prótesis orgánica (de otro cuerpo menos privilegiado) o inorgánica, para llegar al más allá completos y preparados.

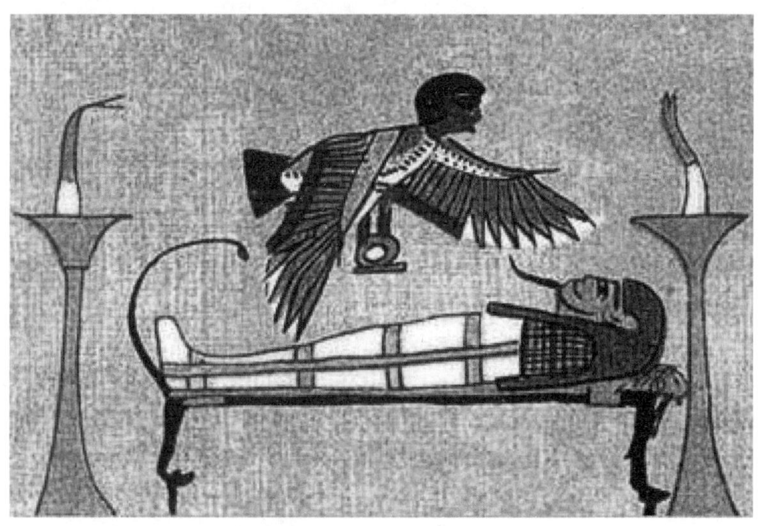

Viendo el amanecer del nuevo día tras la muerte, o el desprendimiento del alma

De hecho, el cuerpo físico puede convertirse en un ave con cara humana para ver nacer el nuevo día al poco tiempo de haber muerto.

El cuerpo elevado o espiritual, tan discutido porque algunos se empeñan a emparentarlo con el alma, es independiente y puede ser un privilegio que viene de los dioses, de los antepasados, o de las grandes gestas y hazañas que haya protagonizado el difunto en este mundo.

Más concretamente, el Ser se dividía en las siguientes partes:

Sahu

El sahu, Atmu, Atman, Alma, o cuerpo anímico, no espiritual, aunque muy cercano a los dioses, es la parte del ser que logró un grado de conocimiento, poder y gloria, volviéndose duradero e incorruptible, pudiéndose asociar al alma de los dioses y conversar con ella. Es el máximo misterio, la causa espiritual del hombre mismo. Así, podrá ascender a los Campos Elíseos y convivir junto al sahu de los hombres justos y los dioses.

Ib

El Ib, Ab, o Hati, o cuerpo mental y emocional, fue considerado la sede de los pensamientos, los sentimientos y las emociones, que complementaban al cuerpo físico, el cual, a pesar de sus apegos terrenales, era considerado como parte esencial del ser, pues en él estaban tanto los sufrimientos como las alegrías, y con ello el aprendizaje y las experiencias, tanto físicas como científicas, sensibles, mágicas, médicas, creativas e imaginativas.

Ka

Ka era una parte esencial del principio universal de inmortalidad de la vida en el más allá y en el más acá. Ka es un concepto semejante al de la fuerza vital que pervive a pesar de la muerte física del cuerpo, lo que diferencia de forma patente a una persona viva de una persona muerta. La muerte física ocurría solo cuando el Ka abandonaba el cuerpo. Popularmente, se pensaba que el Ka era creado por la deidad Jnum, en su rueda mágica de alfarería en la que fabricaba o creaba seres vivos al estilo de Jehová en la Biblia, para ser depositado en el ser de los recién nacidos justo al momento de su concepción, para que acompañara al cuerpo físico, mental y emocional (Ib), por el resto de su vida, y cuidara de su mastaba tras su muerte, por una eternidad si fuese necesario, por lo que algunos lo identifican con los fantasmas que suele haber en los cementerios.

Los egipcios también creían que el Ka solía tener hambre y sed, incluso añoranza de la vida terrestre cuando acompañaban al Ib, por lo que en las mastabas era frecuente depositar alimentos y bebidas para cuidar del Ka, algo que también se hace en las celebraciones mortuorias en otras partes del mundo muy lejanas a la cultura egipcia, como en México sobre el 2 de noviembre, cuando los vivos se reúnen con sus amados difuntos para comer, beber, fumar, reír y hasta amar, que bien podrían ser los Ka que se mantienen al pie de los entierros.

Ba

El Ba es el concepto más cercano a la noción occidental de espíritu y no de "alma", que es más emocional y apegada al mundo real que el espíritu, el cual es libre y sin ataduras terrenales. Es la parte trascendente que permanecería con el cuerpo tras la muerte del individuo. También era lo que hace único a un ser, individual y con un propio e intransferible destino y sendero espiritual a recorrer. Como el espíritu, el Ba es la parte de una persona que vivía después de la muerte del cuerpo, porque en realidad el Ba era eterno y el cuerpo el que moría.

Hay interpretaciones que señalan al Ba como el ave divina que se desprende del cuerpo al morir para viajar al otro mundo o a las estrellas, pero hay otras que señalan al ave como un renacimiento o reencarnación en esta misma tierra justo a las 24 horas tras el fallecimiento, con lo que el Ba es una promesa de reencarnación y hasta de reunión futura con sus otros seis cuerpos, sobre todo con el Ka, el guardián de la tumba, para agradecerle su celo durante dos o tres mil años, protegiendo los tesoros o castigando con los más horribles males y maldiciones a los que se hubieran atrevido a usurparla.

Ren

Ren o Re es el nombre que la persona recibía al nacer y que se convertía en su par egoíco, aunque podría cambiar a medida que la persona iba evolucionando o recibiendo títulos. El Ren viviría hasta por miles de años mientras el nombre del difunto fuera pronunciado y recordado, lo que explica los grandes esfuerzos realizados para protegerlo en esta y en la otra existencia, cultivándolo, escribiéndolo profusamente en papiros y monumentos, o destruyéndolo y borrándolo para que no quedara registrado en ningún lado y su memoria desapareciera para siempre.

Si se olvidaba o borraba el nombre, el difunto podía desaparecer en su camino hacia los Campos Elíseos y perderse para siempre, ya que sin su par egoíco no era nada. Olvidarse de sí mismo y de quién había sido en la Tierra era una terrible condena.

Sheut

Sheut, Shuit o Jaibit, o La Sombra de las personas que estaba siempre presente y acompañaba a todos los movimientos. Una persona no podría existir sin su sombra, ni la sombra sin su persona, por lo tanto los egipcios conjeturaron que la sombra contenía a algo de la persona que representa. Por esta razón las estatuas de los seres humanos y dioses fueron referidos a veces como sus sombras, donde las sombras tenían fuerza y poder, presencia y esencia, voluntad y capacidad de acción en ciertos momentos, y que incluso pervivían en este mundo a pesar de que su persona ya hubiera muerto, una especie de fantasmas que acababan por diluirse con el paso del tiempo, aunque ese tiempo fueran unos cuantos siglos.

Aj

El Aj o Akh', es el cuerpo luminoso o de gloria, un elemento del ser vinculado con la luz o la energía espiritual estelar, por tanto es un concepto netamente funerario ligado a las estrellas, y con ellas, a la resurrección e inmortalidad más allá de toda concepción y conocimiento, que en un principio era hereditario vía la sangre divina que debían tener los faraones, y por la cual se les consideraba dioses en la Tierra con el privilegio de mandar sobre todos los seres del mundo.

Como esta cualidad de sangre divina se perdió en diferentes dinastías, los sacerdotes abogaron por concederle el privilegio del Aj a otros poderosos o elegidos por los dioses, mediante ritos iniciáticos para despertarlo y hacerlo patente, ya que, en cierta manera, todos los hombres lo poseían, aunque durmiente.

Sejem

El Sejem o Sekhem era la manifestación de la fuerza y de la voluntad divinas; podía conseguirse mediante iniciación y arduo trabajo, lo que confería, al que lograba obtenerlo, el poder de los dioses en este mundo material. Los sacerdotes, o magos, que lo poseían se convertían en portadores de la fuerza y voluntad divinas y su manifestación en este mundo. Como talismán confería facilidades para transitar por el mundo interior y llegar a las puertas de los Campos Elíseos.

El Ka, guardián de tumbas

LAS MALDICIONES

Cuentan las leyendas, y no pocos expertos, que el Ka, o doble etérico guardián, puede tomar venganza sobre aquellos que osen entrar a robarla, dejando al difunto sin la posibilidad de renacer dentro de algunos siglos, y sin herramientas, bienes ni talismanes que lo ayuden en el inframundo, o incluso interrumpiendo su estancia en los Campos Elíseos, por lo que si el difunto se molesta, deben pagarlo los vivos que se han atrevido a usurpar su nombre o robar su tumba.

Dichas maldiciones suelen estar también escritas e inscritas en la tumba, el sarcófago o en los talismanes que porta el difunto para su protección.

En suma, el *Bardo Thödol*, el libro de la audición en el estado intermedio, parece una experiencia real, y hasta en cierta forma lógica, de lo que son la vida y la muerte en la rueda de las reencarnaciones, algo menos fantástico que *El libro egipcio de los muertos*, pero ambos con un denominador común en cuanto al estado de consciencia que significa estar muerto, que es un camino individual del ser que no puede compartir con nadie, donde el más allá y la experiencia de la muerte puede ser una liberación satisfactoria o el enfrentamiento con los más terribles miedos y temores que pueden habitar en todos y cada uno de nosotros.

Actualmente, hay diversos libros sobre la vida después de la vida y similares, sobre todo bajo la lupa del pensamiento y las creencias religiosas occidentales, sobre las que hablaremos en el próximo capítulo.

VI

Cielo, infierno y purgatorio

No estoy vivo sin ti,
sufrir así no es vida,
es un tormento,
tanto, que tu amor
se me ha vuelto odio, y,
mientras tú vives feliz,
hace tiempo que morí sin cielo,
ardiendo en un cruel infierno,
y sumido en un eterno
y doliente purgatorio.
Javier Tapia

Quizá el éxito de las creencias y religiones occidentales, tan grecorromanas como judeocristianas, sea su exacerbado romanticismo, la apuesta por el amor en todas sus vertientes, que causa alegría, dolor y excitación, las emociones básicas por las que vive y muere la especie humana, y que tan a menudo confunde lo trascendental con lo conveniente, el placebo con la cura, y la responsabilidad ajena con la fe propia.

Las cuatro grandes religiones judeocristianas (judaísmo, cristianismo, catolicismo e islamismo) son claras deudoras de las creencias semíticas, árabes, griegas, medio orientales y romanas, entre muchas otras, y a menudo no hacen más que repetir de forma más o menos enmascarada lo que ya decían sus predecesoras algunos miles de años antes.

"Jehová no es más que un Zeus sexualmente reprimido", bien podría decirlo Voltaire, pues ambas figuraciones divinas se parecen mucho físicamente, y tienen un comportamiento demasiado humano, que odia, mata, cela y venga abusando siempre del más débil y favoreciendo caprichosamente a quienes quizá menos se lo merecen, con la diferencia de que Zeus es promiscuo sexualmente, y Jehová es asexual, sin pareja y bastante resentido contra el eterno femenino.

Ambos son machistas y patriarcales, ricos y poderosos, dueños de vidas y haciendas, proselitistas y señores de los nacimientos, pero Zeus no promete cielos ni castiga con infiernos, mientras que Jehová, al menos para su pueblo elegido, si tiene un cielo prometido como recompensa, pero no un infierno como castigo, algo que cambiará cuando sea adoptado por el catolicismo.

El Islam, un poco más depurado que el catolicismo por cuestiones de tiempo y espacio, además de la sana influencia árabe de los beduinos, ofrece un cielo lleno de placeres mundanos, y un infierno sin esos placeres, pero no tan agresivo como el infierno del catolicismo.

La idea del purgatorio, donde se puede reflexionar sobre el bien y el mal hechos en vida, aparece un poco más tarde que la idea del infierno, para dar posibilidades de salvación a los muertos, algo que también sucede en el infierno islámico, y en los judíos queda como una antesala de cierto descanso hasta que llegue el día del Juicio Final, donde en realidad ya todo está juzgado y dicho y las posibilidades de salvación son muy escasas o nulas.

Los cristianos protestantes y su infinidad de sectas, queriendo seguir textualmente a la Biblia, no acaban de aclararse, pues por una parte dicen que Dios, en su infinita sabiduría, ya lo tiene todo resuelto desde el momento de la Creación, y que los elegidos son los que son, por lo que portarse bien o mal no tiene la menor importancia, y solo el creer en Cristo o en Dios, o en los dos, puede ser tabla de salvación por si el Señor ya lo dejó así escrito en el Libro del Destino.

Por tanto, el más allá de todo el judeocristianismo queda en el limbo, una figura de estadio intermedio sin pena ni gloria para los inocentes que mueren en la infancia, o en la ignorancia ingenua sin creencias y sin pecado, como algunos sabios de la antigüedad que desconocían la existencia de Cristo, y que ya serán juzgados y posiblemente salvados en su momento o Día del Juicio.

Obviamente, las grandes religiones están llenas de absurdos, contradicciones y paradojas, como el mismo hinduismo, que aboga por respetar a todos los seres vivos, a la vacas y hasta a los gusanos, pero que no le tiembla la mano para matar a la mujer, violar a la sobrina o decapitar al vecino; y en lo que respecta al budismo como religión, basta recordar que Buda no creía en Dios alguno, y que para él tampoco existían ni el cielo ni el infierno, y mucho menos el limbo o el purgatorio, sino el nirvana, y no como un lugar, sino como un estado de consciencia, a lo que sus seguidores hicieron caso alguno, crearon un culto alrededor de su persona o personaje, e inventaron todo tipo de deidades, monstruos, demonios e infiernos, con los rituales y milagros mágicos correspondientes, algo que el Bodhidharma no hubiera consentido jamás.

La India es un país de contradicciones, entre otras cosas, porque a pesar de ser una cultura más que milenaria, no fue sino hasta 1947 que se independizó de los ingleses, y se unió como país, pues antes estaba conformada por al menos 500 principados, miles de dioses y cientos de sectas que vivían en pugna eterna con el hinduismo de fondo, y el jainismo y el budismo como simples comparsas y también en pugna, sobre todo contra el Islam que se había afincado como religión dominante en Pakistán, a pesar de que los pueblos han seguido adorando a Krishna o a Shiva, a Kali o a Shakti, practican el yoga y procuran tener un hálito divino en su forma de ser, a pesar de las castas y de los indeseables que no merecen nada ni en la vida ni en el más allá, porque no son nada ni nadie ni en la vida ni en la muerte.

VALLE DE LÁGRIMAS

Casi se ha olvidado, pero hasta hace poco todas y cada una de las grandes religiones de este mundo tenían al mundo como un valle de lágrimas al que se había venido a sufrir, dominado por dioses tiránicos que favorecían solo a unos cuantos de sus fieles, sobre todo si estos fieles eran ricos y poderosos, porque el resto de los seres humanos, pecadores irredentos que no cumplían con las leyes divinas, eran reos de condenación eterna.

Los judeocristianos se inventaron, por si las dudas, el "pecado original" que no dejaba limpio a nadie que hubiera cometido la falta de nacer en esta Tierra por santo que fuera.

Cristo se salvaba a medias, según cátaros y arrianos, porque la simiente podía ser divina, pero la reproducción había sido humana por parte de su madre, María, así que el Mesías no podía ser un dios con toda la barba, si acaso un semidios como los hijos de Zeus con cualquier mujer de la Tierra: un anatema y una verdadera herejía de lo más sacrílega, pero que no dejaba las penas y los sufrimientos de lado, tan orgiásticos como cualquier pulsión o emoción exagerada humana.

El caso era sufrir, como el propio Carmelo, para poder alcanzar la lejana posibilidad de tal vez llegar al cielo, porque el infierno y el purgatorio no estaban en el más allá, sino en el mismo planeta Tierra. Total, el sadomasoquismo es una realidad de dolor y disfrute tanto biológica como psicológicamente, y las grandes religiones lo han sabido desde siempre, o por lo menos desde hace unos diez mil años.

De una o de otra manera, hay ciertas coincidencias en lo que puede ser el más allá, pues en un sinnúmero de creencias hay una especie de cielo, algunos infiernos y uno que otro purgatorio que nos esperan en la otra vida, más allá o existencia eterna:

Cielo, infierno y purgatorio

EL CIELO

Es el destino de las almas que se encuentran en gracia y en amistad con Dios o con los dioses, siendo el destino de los privilegiados, ya sea por elección divina, fe, fidelidad, lealtad, actos heroicos, defensa a ultranza de las creencias, sumisión, obediencia, epifanía, iluminación, o hasta por riqueza material o poder de someter a los demás, es decir, por jerarquía, y solo algunas veces por sabiduría.

Los que entran en alguno de los cielos, convivirán con los dioses, los ángeles, los devas o hasta con los guerreros y héroes del pasado, como sucede en el Valhalla vikingo, para beber, comer y seguir peleando; también para contemplar a Dios, formar parte de un coro celestial, sentir su presencia directa, aunque no lo vean, y disfrutar del sexo, el vino y la comida, como en el cielo musulmán, manteniendo una edad de 33 años en plena forma; mientras que el cielo hindú, Svarga, también se goza de todo, pero solo para encarar la siguiente reencarnación en este Valle de Lágrimas que es la Tierra, esperando la señal de regreso del Guardián Azul, y con el apoyo del Elefante Airavata, que no permite desvíos ni la entrada al cielo.

EL INFIERNO

Es el destino de las almas que mueren en cualquier tipo de pecado mortal, desde el más simple hasta el más terrible, para sufrir el tormento eterno o la desaparición total de su ser. No todos los infiernos son iguales, pero casi todos están bajo tierra en el inframundo, de donde no se puede escapar fácilmente, aunque algunas almas y demonios lo hacen. En ellos hay calor y fuego, con llamas eternas, pero en otros hay frío extremo, con todas las tristezas y aberraciones que se le puedan ocurrir a alguien, sin dejar de lado aquellos en los que no pasa nada, solo pena, ausencia y aburrimiento.

Por supuesto, no falta quien apunte que el peor

de los infiernos está en este mundo, pues nacemos en él por los más horribles pecados cometidos en otra dimensión, planeta o universo lejano, por lo que la Tierra sería una especie de prisión de la que no se puede escapar, y donde se pasa hambre, miedo, calor y frío, y donde se sufren todo tipo de pasiones bajas e instintos animales que impiden cualquier esperanza de salvación espiritual.

En el Naraka, uno de los infiernos del hinduismo, el alma pasa a ser alimento de los demonios, o a ser cocinado eternamente en una perola sobre las llamas del inframundo, si es que tiene suerte y Visnú no la destruye antes, como dice el refrán hindú: "Más vale ir a los infiernos que desaparecer para siempre y no reencarnar jamás".

Naraka, la cocción eterna

El purgatorio

Como en el *Bardo* Thödol, el Purgatorio es un estado intermedio entre los cielos y los infiernos, donde van las almas de los que mueren en gracia, como los niños o los sabios del pasado, pero que no están completamente purificadas por desconocer a sus dioses, y que se deben purificar, pagando el karma o humillándose ante los dioses, para poder entrar al cielo, llegar al nirvana, el paraíso celestial o las habitaciones de los dioses.

Para algunos los purgatorios o estados intermedios entre la vida y la muerte, son oportunidades de ascenso espiritual, aprendizaje liberador, estancia de reflexión y meditación, sendero de purificación, iluminación de la consciencia, lucidez, o preparación para regresar a la Tierra en una nueva encarnación.

Según las teorías de la conspiración, incluso los que no quieren morir nunca y traspasan conscientemente su alma al momento de morir físicamente a otro cuerpo, como en la metempsicosis griega, pasan por una especie de purgatorio, más para afinar la invasión de otro cuerpo, que para llegar a los cielos, pues están demasiado atados a este planeta como para desear una existencia espiritual donde no son ni ricos ni poderosos.

"Los que no mueren nunca", como los elfos nórdicos o algunos ángeles caídos, pero que pueden ser destruidos, suelen ser las élites que dominan este planeta desde hace unos diez o doce mil años, y no piensan quedarse en el más allá, sino seguir con vida en otros cuerpos jóvenes y fuertes, para continuar dominando nuestro planeta, subiendo y bajando del purgatorio, si acaso, para mantenerse en el poder que les da la vida.

EL FERVOR POPULAR

En el catolicismo confluyen muchas de las creencias del pasado, desde las sumerias y las acadias, hasta la armenias, sirias y persas, junto con las árabes, las semíticas, las hindús y las celtas, sin olvidar las premisas filosóficas de la Grecia clásica, ni las mitologías grecorromanas.

El ingrediente romántico, donde el amor y la fe lo son todo, pese a dolores, llantos, tragedias y sacrificios, es una de sus aportaciones más significativas, haciendo de su Mesías un personaje estoico y rebelde, al mismo tiempo, con la esperanza de un buen más allá a toda la humanidad, siempre y cuando crean en él y le tengan como su Dios y Señor, como a su padre, pero sin obligaciones ni responsabilidades sobre su comportamiento, bueno o malo, porque él, el Mesías, ya se ha encargado de lavar sus pecados.

Solo creer en él, el Cristo, y nada más, dejando en sus manos todo, incluso los más aberrantes pecados, porque él, más sano y bueno que su padre, Dios, se encargará de todo y dará vida eterna a quien le haga caso.

La difusión casi universal de Cristo

Fácil, tan fácil que el fervor popular de miles de millones de personas piensan que van a ir a un más allá fabuloso, cuando no directamente al cielo, por el solo y único hecho de creer en él, cuando, al menos sociológicamente, en los países occidentales, no creer en él es lo difícil, pues se le promociona constantemente desde que nacemos hasta que morimos, tanto y de tal manera, que es imposible no llevarlo en el lenguaje o en el pensamiento.

La inmersión cultural en la cristiandad es casi universal en este mundo, pues, a pesar de ser menos famoso que los Beatles, la figura e idea de Cristo como Dios o como el Hijo de Dios está difundida casi por todos los rincones del orbe a través del comercio, la música, el arte, las novelas y los símbolos más o menos esotéricos, como el Cristo Cósmico, y es muy difícil escapar de ella.

Cristo se ha convertido en un ícono más allá de creencias y religiones, y se le celebra como si fuera una tradición común a todos los hombres, sobre todo en su supuesta natividad, o Navidad, que lo hermana a otros dioses nacidos de una virgen el 25 de diciembre tras el solsticio de invierno norteño, como Horus, Mitra y Krishna, y el comercio y las instituciones gubernamentales lo han hecho suyo vendiendo y dando días de asueto a los modernos esclavos, sin importar ni siquiera que la gente sepa qué es lo que está celebrando, pero que igualmente se celebra en casi todo el mundo, incluso en la zona sur del planeta, donde es verano y no hay nieve ni renos que llevan a Papá Noel para que reparta regalos a todos los niños buenos.

Ese mismo fervor popular ante una imagen que logró la fama y la fortuna más allá de los atrios y los templos, hace pensar a la gente que el más allá es un camino de rosas para todos, aunque se le tema, porque los seres queridos, buenos o malos en vida, no pueden tener otro destino que el cielo mismo, sea este cual sea, y pertenezca a la religión o superstición a la que pertenezca.

Para la gente común y corriente, la muerte es un paso al más allá, donde el difunto encontrará la paz, hablará con Dios, será feliz, estará con sus amigos, sus amores y su gente querida, familiares incluidos, y no pasará más hambre ni dolor ni pena, tanto si hizo méritos o no para merecerlo, no importa, con morir es suficiente, ya sea porque creía en Cristo o en alguna otra divinidad, o simplemente porque Dios, en su eterna y sabia naturaleza, acoge a todos en su seno y perdona todos los pecados tras la muerte. Por tanto, no hay infierno, limbo o purgatorio que valga, sino única y exclusivamente los cielos maravillosos para toda la gente que muere.

Al final todos los muertos van al cielo

A los vivos se les puede odiar a muerte y desearles el peor de los infiernos, pero a los muertos se les respeta y se les considera al lado de los ángeles, formando parte de los coros y cantos celestiales, elevados y limpios, con ese algo de bueno que todos hemos tenido durante nuestra estancia en la Tierra.

De esta manera, el mundo es el infierno. La vida es el purgatorio. Y la muerte es inevitablemente el cielo.

VII
Escuela de dioses o antroposofía

Cuando seas por fin un Dios,
procura no hacer la Creación
a tu imagen y semejanza,
por el bien de todos.
PROVERBIO TIBETANO

La idea de que los seres humanos estén en la Tierra y luego en las dimensiones del más allá y de la vida eterna, con la finalidad de convertirse en dioses, parece que no ha convencido a la mayoría de creyentes de la teosofía y de la antroposofía, quizá por la carga de responsabilidad que conlleva.

Rudolf Steiner creó la antroposofía con la idea de tres mundos reales y objetivos, el espiritual, el mental y el físico, que tenían como fin desarrollar la sabiduría propia e inherente del ser humano, que es sabio y divino desde siempre, pero que a menudo no es consciente de serlo.

Rubén Zamora, en su *Ángeles entre nosotros*, hace la propuesta más atrevida y expone la posibilidad de que los seres humanos sean ángeles y dioses en potencia, algo que el fervor popular también cree.

Desde los ángeles custodios de Enoch, que bajaron a la Tierra en lugar de resguardarla para amancebarse con las hijas de los hombres, o desde que los dioses del Olimpo tuvieron relaciones sexuales y amorosas con las hembras y los varones humanos, e incluso desde que los titanes y las titánides frecuentaron el amor de los humanos dando a luz tanto a monstruos como a seres hermosos, poderosos y angelicales, subyace la idea de que los seres humanos, o entre ellos, conviven dioses y semidioses, y que toda, o casi toda, la humanidad es divina de una o de otra manera, por lo que su destino es volver al cielo y prepararse para ser dioses de otros mundos.

Total, los dioses, ángeles y mesías que conocemos no son del todo perfectos a pesar de lo que dicen los sacerdotes y sus representantes en este planeta, pues presentan fallos de sabiduría, bondad y empatía, son muy celosos y proselitistas, jerárquicos, impositivos, vengativos, belicosos y usurpadores, con los mismos defectos que tienen los hombres y las mujeres de la Tierra, y si los dioses, que son casi perfectos y divinos no son del todo fiables, los humanos pueden ser también dioses de otros seres en otros universos y planetas lejanos.

El problema es que no todos los seres humanos, más bien parece que pocos, se sienten con la capacidad de ser dioses en otros mundos y se conforman con ser gobernantes o líderes en este mundo, utilizando muy a menudo el nombre de sus dioses en vano.

Ser creyente ahuyenta de una o de otra manera las responsabilidades sobre uno mismo, ya que se deja en mano de los dioses, los santos y las vírgenes el destino y el devenir de nuestros actos buenos o malos. Todo es "si Dios quiere", o "gracias a Dios", y no si el ser humano quiere o puede, por lo que, cuando mucho, la aspiración más elevada es la de ser perdonado y salvado, y, si acaso, convertirse en ángel, en súbdito de las huestes celestiales, pero no en un dios que gobierne con mano firme otro planeta, siendo responsable de los actos, pecados y omisiones de los seres que lo habiten.

¿Somos híbridos de ángeles y mujeres?

Además del *Libro de Enoch*, en la Biblia, Génesis 6:2-12, se puede leer: "los hijos de Dios vieron que las hijas de los hombres eran hermosas, y tomaron para sí mujeres de entre todas las que les gustaban".

Con ellas se amaron, se casaron, tuvieron descendencia y, lo peor de todo, es que desobedecieron a su Dios, pero no les importó demasiado, y, al menos en la misma Biblia, no fueron severamente castigados, aunque algunos interpretan que se les negó el regreso al cielo y se les condenó a vivir entre los humanos, algo que sí le pasó a Lucifer y a sus huestes, a los que se les dio el dominio de las cosas materiales del mundo, y aunque se les mandó al infierno, vagan por la Tierra sin ningún problema, aunque no se sabe si tienen relaciones sexuales con los hombres y las mujeres, aunque sí incitan a la lujuria y a la promiscuidad.

Volviendo a los ángeles custodios, que no son los famosos ángeles de la guarda, viven y se reproducen junto con nosotros según la mitología bíblica, son Hijos de Dios, como también lo son sus descendientes, tanto los gigantescos Nefilim, como el resto de humanos con sangre de ángeles en sus venas, quizá el pueblo elegido forme parte de esa descendencia y sea lo que los une, más que el creer en la Torá o seguir a rajatabla las leyes de Jehová.

Es posible, pero a estas alturas con las mezclas que ha habido en la humanidad durante los últimos tres o cuatro mil años, buena parte de esa sangre angelical corre por las venas de distintos pueblos, tanto como el ADN de los neandertales.

Los dioses, los devas y los avatares hindús también tuvieron hijos con los seres humanos, hombres y mujeres, con una prolífica descendencia que recorrió todo oriente, la cual sigue siendo muy abundante, por lo que la simiente divina de Brahma, Shiva y Visnú se encuentra presente en miles de millones de almas humanas, señalando, como también asegura la antroposofía de Rudolf Steiner, que en cierta manera muchos de nosotros somos semidioses.

La simiente de los ángeles

Rudolf Steiner consideraba que:

- El ser humano tiene una sabiduría inherente que lo lleva a buscar el autodesarrollo espiritual en absolutamente todas las culturas del mundo.

- Existe un mundo espiritual que es accesible a la experiencia humana, por lo que no es una ilusión ni una fantasía, sino una realidad visible y tangible, objetiva y abordable.

- El alma, con sus emociones y pensamientos, se une al espíritu después de la muerte para reencarnarse en otras formas corporales y seguir desarrollándose y creciendo espiritualmente.

- Las reglas morales de la humanidad deben estar inspiradas en el budismo.

- Se deben practicar los ritos y rituales que permitan acceder a la percepción de las realidades ocultas, como la meditación, la respiración consciente, el yoga en todas sus vertientes, incluido el tantra yoga, la proyección mental, los viajes astrales y toda unión, rezo y pensamiento que eleve la consciencia.

- Los seres humanos ya son divinos, solo hace falta que se den cuenta.

- Intuición, inspiración e imaginación como bases del ser, sus aprendizajes, sus descubrimientos y sus creaciones.

Todo ser humano es un creador, por tanto, todo ser humano es divino.

Steiner se basa tanto en el hinduismo como en el budismo, pues por una parte acepta la ayuda de los devas, o las musas en el caso de los griegos, que nos abren las puertas de la intuición (visión clara), la inspiración (o epifanía), y la imaginación, sin la cual, según Albert Einstein, no hay avance ni descubrimiento posible; y por otra parte se apoya en el budismo (algunos dicen que simplemente lo copió para darle forma en occidente), donde no hay dioses, sino estados de consciencia.

Rudolf Steiner, padre de la antroposofía

Por supuesto, también tiene influencias de la teosofía (amor a Dios) para darle forma occidental a su antroposofía (amor a la humanidad), conjugando las ideas de la divinidad y la humanidad en un mismo sentido creador y esotérico, difundiendo el mensaje de nuestra posible divinidad que se cultiva y evoluciona positivamente reencarnación tras reencarnación.

VIII

La eterna inmanencia de la materia

Desear no desear
es la única vía
del desapego,
porque lo que se tiene
no se desea,
y lo que se desea,
no se tiene.
Buda

Tenemos un cuerpo, una mente y un alma o emociones y sentimientos.

Tenemos esta cosa extraña que se llama vida.

Tenemos un tiempo, largo o corto, de consciencia de ser y estar.

Tenemos miles de preguntas y muy pocas respuestas.

Tenemos muchas cosas que ni siquiera sabemos que tenemos.

Tenemos un espíritu al cual generalmente desconocemos.

Tenemos imaginación, ilusiones, sueños.

Tenemos energía y poder, de la misma manera que tenemos debilidades y sufrimientos.

Y sí, tenemos apegos, lazos que nos atan a la Tierra y a otros seres, y deseos, muchos deseos, lo mismo que tenemos hambre y necesidad de beber y respirar, y con ello muchos fracasos y cambios de rumbo en la vida, donde a menudo los planes para alcanzar los deseos se frustran y nos llevan a otros terrenos.

La vida está llena de accidentes, trampas, atracciones, distracciones, obligaciones y responsabilidades que nos atacan todo el tiempo, por lo que Emil Cioran decía que lo mejor es no hacer nada, no desear nada, no esperar nada, solo ser, porque incluso si solo somos porque no podemos evitar estar en este mundo y existir, ya hacemos algo: la contemplación activa, diría el Maestro Wang refiriéndose al Zen clásico, porque, según Óscar Wilde: "No hacer nada es algo de lo más difícil y complicado".

La virtud del *dolce farniente* italiano, total, aunque no hagamos nada de nada ni caigamos en las trampas del sistema, ni nos sintamos atraídos, atrapados o desvelados por el prestigio, la fortuna y el poder, y mucho menos por ser carne de cañón y esclavos de nuestras pasiones, ignorancias y necesidades, nuestro organismo sigue trabajando, incluso cuando deja de organizarse en torno a nosotros y muere.

Acción intrínseca antes, durante y después de la vida y de la muerte

Incluso si no haces nada, los cuerpos que te componen se mantienen siempre activos, vibrando, sintiendo, pensando, experimentando, tanto en esta experiencia vital como en el más allá.

El cuerpo físico continúa existiendo como células, larvas, microbios, virus y bacterias, y también como células, tejidos, pelo, átomos, partículas y subpartículas atómicas, cuya energía no conoce ni principio ni final y se encuentra en perpetua transformación.

La materia sigue viva, a veces de manera orgánica o de manera inorgánica, con funciones de putrefacción y disociación del sistema que fue nuestro cuerpo, pero viva, presente, constante y eterna.

Nuestro cuerpo físico se descompone en múltiples partes que continúan sus propios procesos existenciales, algunas en forma de huesos, por ejemplo, que no dejan de contener a nuestros genes, o ADN mitocondrial, con lo que los arqueólogos del futuro sabrán quiénes éramos y cómo éramos, e incluso, es posible que puedan clonarnos y darnos una nueva oportunidad, si no de consciencia, sí de aspecto físico con todos sus órganos correspondientes.

No hace muchos años, cuando algunos autores sugirieron que los neandertales no se habían extinguido, sino que se habían mezclado con los *homo sapiens*, los científicos se burlaron o voltearon la cabeza ante, según ellos, la falta de evidencia científica, a pesar de haber muchas personas en el mundo, y sobre todo en Europa, con claros rasgos neandertales. Hoy en día el ADN mitocondrial nos ha dado la razón a los que ya habíamos apuntado o señalado la falsa extinción neandertal.

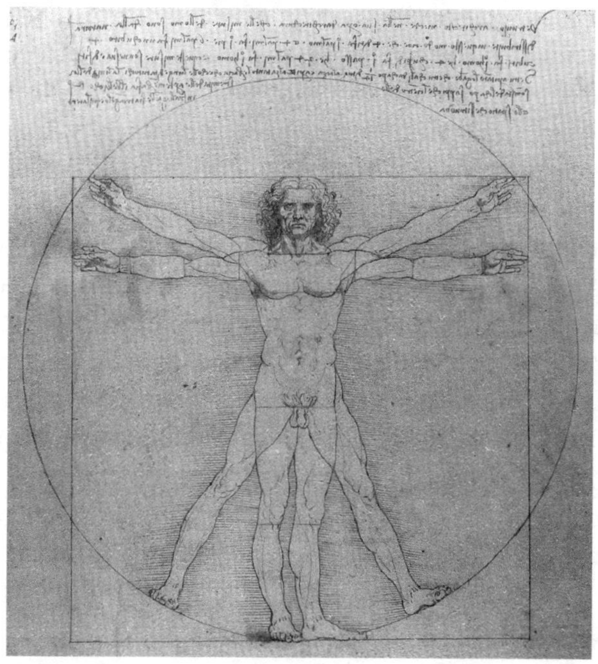

El cuerpo humano, ¿autómata o autónomo?

Para René Descartes el cuerpo humano es un autómata, pura materia.

La materia se organiza, aseguraban Hegel y Marx, y pasa de estar inerte a tener vida por procesos que aún desconocemos; a evolucionar, como diría la astrología kármica, desde piedra hasta ser humano, tras varias reencarnaciones y tras varios millones de años, algo que suena raro y hasta fantasioso, pero que no es del nada imposible, como señalara Oparin, si se cuenta con los elementos y los reactivos necesarios, como aminoácidos y rayos, catalizadores de proteínas, que hacen que la materia reaccione, cambie y se organice.

De la misma manera, lo vivo y orgánico puede convertirse en inorgánico, en cenizas, carbón y petróleo, fósiles que no hablan ni piensan, pero que sus estructuras son claramente de hidrocarbonos, como nosotros mismos.

Por tanto, no es nada atrevido y fantasioso decir que nuestro cuerpo físico es en cierta manera eterno con partes del todo indestructibles, que pueden volver a formar parte de la vida, tanto como abono para las plantas y alimento para los insectos y los carroñeros, como para dar forma a una nueva humanidad dentro de algunos millones de años.

El cuerpo físico es algo más que un autómata, como anotaría Descartes, aunque no comparta conscientemente con nosotros muchas de sus funciones.

Vivimos dentro de un cuerpo al que a menudo desconocemos, y que además es capaz de valerse por sí mismo sin nuestra intervención, como cualquier otro animal de este reino, porque el cuerpo actúa, vive, siente, se mueve, come, respira, duerme, va y viene sin necesidad de que nosotros le indiquemos qué es lo que tiene que hacer, ni enseñarle cómo hacerlo, porque él ya lo sabe y lo hace.

El cuerpo mental, que se proyecta y piensa, influyendo y siendo influido por el cuerpo emocional, no deja de crear, imaginar, observar, reflexionar, enfocar, soñar y manejar todo tipo de información, incluso de esa información de la que no somos en absoluto conscientes.

Vemos más de lo que vemos.

Oímos más de lo que oímos.

Olemos más de lo que olemos.

Sentimos mucho más de lo que sentimos.

Y no solo con los cinco sentidos habituales, sino con muchos otros que son parte de nuestro ser.

En muchos sentidos somos información, datos, hechos, creaciones, invenciones, ideas e iluminación sobre todo lo que nos rodea y sobre todo lo que llevamos dentro.

La mente es prodigiosa y maravillosa, tanto, que muchas de las cosas que antes eran magia y superstición se han convertido en ciencias de lo más exactas.

Curioso, sí, pero muchas de las cosas que imaginamos como imposibles fantasías terminan convirtiéndose en realidad.

La muerte y el más allá también son estados mentales, o estados de consciencia, como dijo Buda, y la mente los crea y los recrea, por lo que podemos proyectar nuestra existencia en diversos planos y ver con los ojos del alma lo que no se puede observar a simple vista.

Viajamos en un microsegundo por todos los universos posibles solo con pensarlo, solo con imaginarlo, sin necesidad de naves y prescindiendo del tiempo y del espacio, de la misma manera que podemos estar en varios lugares a la vez, o acercarnos a nuestros seres queridos aunque vivan al otro lado del planeta.

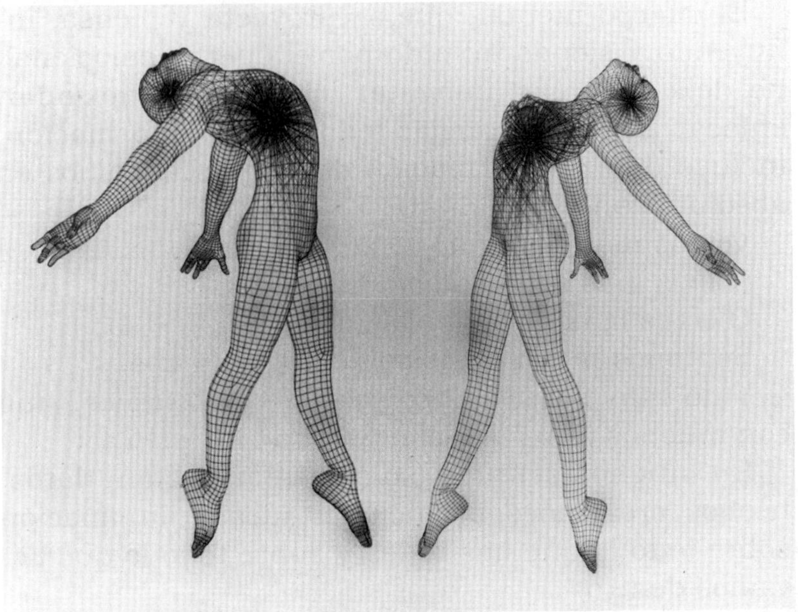

El cuerpo mental, en contacto con el universo entero

Somos mente y somos pensamiento, incluso cuando nos engañamos y nos mentimos a nosotros mismos, o cuando aceptamos como ciertas las más ridículas mentiras y pasmosas patrañas.

Lo que pensamos se vuelve algo tangible para nuestra salud, creando un efecto placebo, que es capaz de sanar nuestro cuerpo si tenemos fe en el médico, el tratamiento o los remedios. Hay quien muere de una gripe o de un leve tropiezo, y hay quien sobrevive a un cáncer terminal o a una terrible catástrofe gracias a su pensamiento.

Existen abuelos que aplazan el día de su muerte para poder asistir a la boda de una nieta o a la graduación de un nieto; así como enamorados que mueren al poco tiempo de haber muerto su pareja, aunque no sufran enfermedad o accidente alguno; la muerte no siempre llega en su momento, a veces llega mucho antes o mucho después, porque así lo pensamos.

Mi hermana pactó con sus devas morir a los cincuenta años, pues no quería llegar a vieja, pero al llegar a esa edad se arrepintió de sus deseos, debido al dolor, miedo y sufrimiento que le causaba un cáncer muy agresivo que se le metió en el cuerpo y entonces deseó solo salud, ni dinero ni amores, solo salud, salud y salud, y tras la operación y el tratamiento, logró vencer al cáncer.

"No pactes nunca el día de tu muerte, porque tu mente puede hacerlo realidad", asegura mi hermana actualmente, y vive la mar de tranquila.

Piensa positivo, siempre piensa positivo, porque la mente abre caminos hacia donde la diriges, y si piensas negativo, llenará tu vida de negatividad; piensa en lo positivo y maravilloso que puede ser el más allá, y encontrarás un más allá digno de tus pensamientos.

El ojo de Horus, la unión entre el cuerpo y el alma

El cuerpo emocional, o alma que se conecta con el cuerpo mental y con el cuerpo físico a través de la glándula pituitaria o hipófisis (el ojo de Horus), es un verdadero enigma, porque por un lado nos eleva a lo más sublime, y por el otro nos ata a lo más bajo, dramático y pasional, reflejando el animal que somos, tanto como el ángel que llevamos dentro.

Los amores, los afectos, los seres queridos, pueden transmutarse de un momento a otro en desamores, odios y molestias por cualquier pequeñez.

Podemos pensar mejor y ordenar y administrar los pensamientos, pero no podemos hacer lo mismo con las emociones y los sentimientos por muchas lecciones estoicas que nos den.

Sentimos y no podemos evitar sentir. Lo que sí podemos hacer, es tratar de reaccionar de la mejor manera posible ante los estímulos internos y externos, pero no podemos dejar de sentir lo que nos irrita, molesta, ofende o atrae. Podemos negarnos a hacer el amor con una persona, pero no podemos dejar de sentir atracción y deseo sexual por ella.

Como cualquier animal o ser vivo, somos seres sintientes, y si bien podemos reprimir nuestros instintos y deseos más bajos, medios o elevados, no podemos dejar de sentirlos.

Si nos dan un golpe podemos interpretarlo como un cariño, una broma, un exceso de confianza o un ataque directo, bueno o malo, agradable o desagradable, abrumador o desestabilizador, e incluso podemos reprimir una respuesta acorde con la interpretación del hecho, porque ese golpe, de una o de otra manera, lo interpretemos como lo interpretemos, lo sentimos de una manera tangible y evidente.

Sentimos el golpe de la misma manera que sentimos miradas, perfumes, alientos y hasta intenciones, buenas o malas, y deseos, agradables o perversos.

Sentimos el desamor y el desprecio, tanto como sentimos el amor y el aprecio.

Sentimos el engaño y la traición, de la misma manera que sentimos la envidia y los celos, ya sean propios y emitidos por uno mismo, o lanzados hacia nosotros por la gente que nos rodea.

Por supuesto, nos duele más si el odio, la envidia o la traición vienen de un ser cercano y querido, que si viene de un desconocido, pero lo sentimos.

A menudo, no sabemos interpretar nuestras propias sensaciones y caemos en trampas y fraudes, tanto por ingenuidad e ignorancia, como por interés, ambición o codicia, incluso si con ello ponemos en peligro nuestro bienestar físico y económico, o nuestra propia vida, entre otras cosas porque el cuerpo emocional es egocéntrico y egoísta, vanidoso y orgulloso, caprichoso y mezquino, y no suele aceptar que se le contradiga a pesar de estar cayendo en el más profundo de los abismos.

Sin embargo, este cuerpo emocional que tanto influye en la mente, las decisiones, los actos y el comportamiento, también es capaz de recorrer el sendero que libera y que nos lleva a un más allá amable y hermoso, renunciando a sus ataduras, conjeturas, dramas, sufrimientos y placeres.

Elevar el alma nos acerca al mundo etéreo del más allá, y al cuerpo espiritual, que en el esoterismo es el cuerpo verdadero.

El cuerpo astral o espiritual, el cuarto cuerpo del ser humano desde el punto de vista del esoterismo, vive y existe más allá del más allá, y si bien está conectado al cuerpo emocional a través del alma, y a los cuerpos físico y mental a través de las glándulas, chakras o centros de energía, es en realidad el verdadero cuerpo de nuestro ser, apartado de todo lo mundano en observación perpetua y en plena contemplación activa, que no interfiere para nada en nuestra vida ni en nuestra muerte, porque está en un plano donde los avatares de nuestra existencia terrenal, mental y emotiva no tienen ningún sentido.

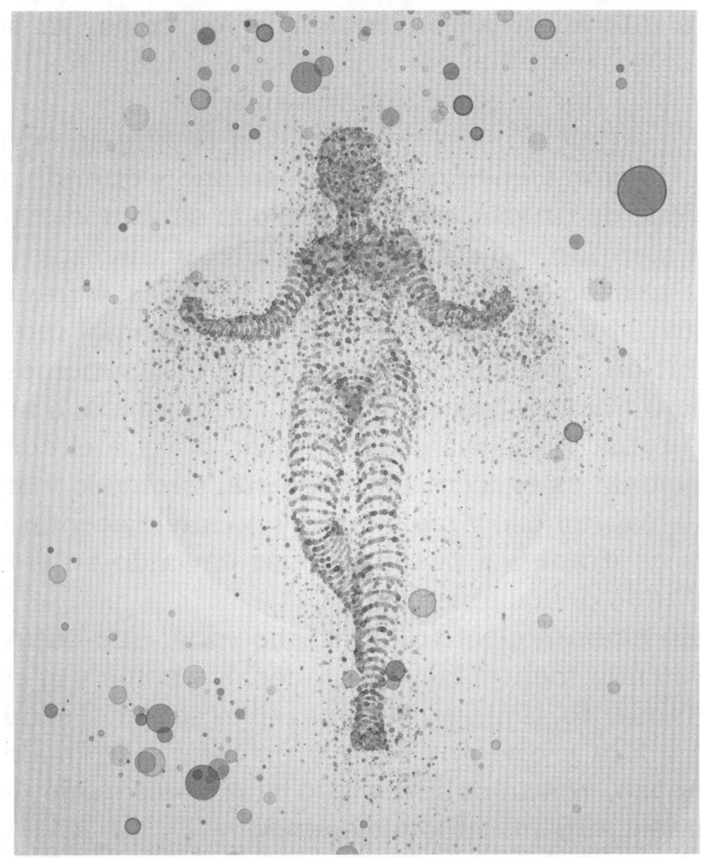

El cuerpo astral,
luz que se expande espiritualmente

Según los sabios santones de la India, el cuerpo astral nos ve y nos comprende en nuestra animalidad, pero nosotros no podemos comprenderlo.

No es un dios, un santo, un ángel, un sabio o un deva, es el espíritu mismo, es decir, nuestro cuerpo espiritual que no tiene formas como las conocemos, pues aunque sea algo antropomorfo, es más luz que otra cosa, una luz que se desparrama y lo ilumina todo a su alrededor.

Cuando meditamos y nos desdoblamos, y salimos de nuestro cuerpo físico, se refleja en nosotros, por eso creemos que es nuestra imagen y semejanza espiritual, pero es algo más que no alcanzamos a concebir plenamente.

El cuerpo astral se enlaza con el cuerpo físico a través de la proyección mental que emerge del tercer ojo, o sexto chakra ascendente, e incluso puede enlazarse en la proyección del quinto chakra, o vórtice de la garganta, y hasta del tercer chakra instalado en el plexo solar como plena manifestación de nuestro ego (atado al cordón de plata), pero en realidad solo es espiritual, sin identidad terrena ni ataduras emocionales o mentales, cuando se manifiesta a través de la coronilla, o séptimo chakra. Y sí, en algunos casos el viaje astral se parece a la muerte, y puede ser una experiencia maravillosa, o terrible, dependiendo de el estado de consciencia de la persona.

Solo desde la coronilla se conecta con el más allá, trascendiendo la vida y la muerte.

En otras palabras, el cuerpo astral bien podría ser la expresión en mecánica cuántica del ser humano, energía pura trascendente, que puede obtener masa y convertirse poco a poco en materia de lo más densa, como el plomo, o en cuerpo humano, o en árbol, o en cualquier cosa.

Todo un misterio, aunque perfectamente posible, como los fotones, las partículas de la luz que supuestamente no tienen masa, y sin embargo se desvían con la gravedad y los absorben los curiosos "agujeros negros", que ni son agujeros ni son negros; o como la materia oscura, una ficción de la ciencia dura, que junto a la energía oscura se supone, pero no se tiene evidencia científica alguna de su existencia: un parangón con la muerte, más que con la vida, donde no falta quien apunte a la probabilidad de que la muerte y el más allá no sean más que un efecto de la física cuántica, porque se intuye como realidad después de esta vida, aunque no se puede comprobar en el laboratorio.

La muerte existe, la vemos y la conocemos como el colapso orgánico del cuerpo humano, y sin menoscabo de ello la materia que lo compone sigue viva, lo mismo que los pensamientos, los sentimientos y eso que llamamos alma o espíritu, por lo que quizá la muerte y el más allá solo sean un salto cuántico de la consciencia, que es energía e información que preña al multiverso entero.

IX
El poder de las creencias

Las cosas, la vida y la muerte
no son ni están en la realidad,
sino en la fe, las emociones,
las creencias y, sobre todo,
en la mente.

Más allá de la función de control social que tienen las grandes religiones, existe el mundo de las creencias, las cuales, como hemos visto en el *Bardo Thödol,* pueden ser las primeras en aparecer en nuestro ser tras la muerte.

La fe mueve montañas. Las creencias crean, válgase la redundancia, esas mismas montañas. La realidad puede ser solo una, pero las maneras de interpretar esa única realidad son infinitas.

Por otra parte, la muerte es una experiencia completamente personal, ya que nadie puede morir por ti, aunque se sacrifique y lo intente con toda la fe del mundo, porque te puede dar un poco más de tiempo o alargarte algo la vida en este planeta, pero tarde o temprano tú serás quien experimente los sabores y colores de la muerte.

Cada cultura interpreta a su manera la muerte y tiene sus propias ideas sobre el más allá como hemos ido viendo a lo largo del presente libro, aunque el hecho es exactamente el mismo.

Lo curioso es que en algunas culturas la muerte causa dolor y duelo, sobre todo en las europeas y occidentales; y en otras es un alivio de paz y tranquilidad, como en las orientales; sin dejar de lado aquellas en las que es una fiesta.

Hay culturas que han enterrado a sus muertos con grandes honores y preparándolos para un más allá muy parecido al más acá (casi todas las que conocemos); y hay culturas en las que los muertos eran el plato principal de la cena, y sus huesos eran molidos y utilizados en rituales mágicos o también como alimento, sobre todo en las sociedades que no siguieron el rumbo de la civilización.

El eterno retorno no es el mismo en Nietzsche que en Mircea Eliade; el de Nietzsche es civilizado y en busca del superhombre, y el de Eliade es el deseo eterno de volver a los orígenes, el verdadero hogar de la humanidad sin las máscaras ni las trampas del mundo moderno clasista y racista, que considera inferior todo aquello que no siga el camino del progreso.

De la misma manera, la visión de la muerte y de la vida es muy distinta para muchos pensadores, a pesar del denominador común de no comprender qué sucede después de esta vida.

Los civilizados quieren o pretenden ser racionales y científicos ante todo fenómeno que los rebasa, por lo que no pueden, o no desean, ver más allá de un cadáver como punto final, sin conciencia ni consciencia, inerte.

Los no civilizados no pretenden nada, y ven el fenómeno de la vida y de la muerte desde sus sensaciones, intuiciones y corazón, unos como una continuidad en otro lado que no se puede ver ni palpar, pero que se siente su presencia; y otros como una continuidad en un escenario diferente al presente.

Ni qué decir sobre la tajada emocional y pecuniaria que han sacado las religiones con respecto al tema, arrogándose el conocimiento sobre lo que hay en el más allá después de esta vida, aunque no tengan ni idea, y hablando en nombre de los muertos y de los dioses, a sabiendas de que ni los muertos ni los dioses se pueden defender, y mucho menos hablar para contar su versión de los hechos.

La gente tiene fe, y tener fe no es nada punitivo ni torpe, porque una cosa es tener fe y confiar en algo o en alguien, y otra cosa muy distinta es ser crédulo, ingenuo o ignorante, lo que conlleva a ser engañado y defraudado una y otra vez, algo que, curiosamente, resulta funcional para ambas partes: para el defraudador, que obtiene poder y ganancias, y para el defraudado, que se libera de responsabilidades.

No importa, porque al final ambos mueren y se encuentran con la realidad del paso al más allá, al infierno o al cielo, al limbo o al purgatorio, al nirvana o a las habitaciones celestiales, e incluso al descanso eterno y a la nada.

DENOMINADORES COMUNES EN LAS DIFERENTES CULTURAS

Tal parece que al poco tiempo de morir, independientemente de la cultura a la que se haya pertenecido en vida, lo que queda de consciencia en el ser interno se enfrenta a sus propias creencias, miedos, certezas y hasta prejuicios sobre el tema, es decir, enfrenta a sus dioses, reales o inventados, e incluso a dioses prestados que ha conocido de oídas, en lecturas esotéricas o religiosas, o hasta en otras vidas.

También parece haber una criba, un peso del alma, una observación del estado del alma, un cuestionario sobre lo evolucionado o involucionado que esté el difunto, o un análisis de la elevación espiritual o de consciencia.

La figura de un guardián de los cielos o de las puertas del más allá también es común a muchas culturas, desde Osiris y Anubis en los egipcios, el can Cerbero de los griegos, el Guardián Azul de los hindús, San Pedro en la mitología popular católica, un Ángel Guerrero, pero amable y condescendiente entre los musulmanes, un perro que guía o que retrasa al difunto, demonios divinos como Supay para los incas, o Mictlantecuhtli para los mexicas.

Tras pasar al otro lado con el beneplácito del guardián celestial, el difunto suele encontrarse con una especie de sala de espera, limbo, purgatorio, estado intermedio o puertas celestiales, donde se desembaraza de su vida recién perdida y toma consciencia de su muerte y del lugar en donde está, que todavía no es el Cielo, los Campos Elíseos, el Paraíso Celestial ni el Nirvana prometidos, pero tampoco es el temido infierno.

Luego hay una preparación para un regreso a la Tierra, o al planeta de origen, para casi todos los difuntos y sus almas, con olvido programado para que su vida anterior no interfiera con su vida futura, y azar o selección de nacimiento.

Muy pocos ascienden a la zona espiritual liberándose de todas las ataduras anteriores, porque algunos de los más sanos, santos y sabios deciden regresar al mundo para ayudar a la humanidad, a pesar de la obvia inutilidad de sus buenas intenciones. En algunas culturas los mejores son elevados de rango espiritual y hasta se convierten en seres divinos, devas o ángeles, que no vuelven encarnados a la Tierra, pero que la ayudan en lo que pueden desde las alturas.

Finalmente, se da la reencarnación o la vuelta a la vida terrestre, y los ciclos continúan eternamente preñando de vida y existencia consciente al Universo.

Dentro de estos denominadores comunes los dioses importantes casi no aparecen nunca, si acaso y de lejos, la esencia de Alá para los musulmanes difuntos; mientras que las figuras de yeso del catolicismo sí son frecuentes, así como otros dioses menores en las culturas africanas, como la Yoruba, pero ni Olodumare, ni Jehová ni Júpiter y mucho menos Zeus suelen hacer acto de presencia.

LA MUERTE EN PERSONA

Por supuesto, cada cultura tiene una idea de cómo sería la muerte como ser mítico, siendo la más común el esqueleto con su calavera.

Otro aspecto físico de la muerte suele ser el de una hermosa dama, como la Diosa de las Nieves (o de las Montañas Heladas) china, o como Ah Puch, o Cizin, dios/diosa (forma de mujer, pero con un falo gigante) de la muerte y los terremotos que habitaba en el Xibalbá, el inframundo o infierno maya.

Ah Puch, la muerte maya

Ah Puch, además, era conocido como "el hediondo", pues se le relacionaba con la putrefacción de los cuerpos muertos; sin embargo, para algunos pueblos mayenses la muerte en realidad no existía, sino que era simplemente un paso para dar lugar a un nuevo nacimiento, pero sin pasar por las vicisitudes del samsara hindú, la famosa rueda de las reencarnaciones, porque para los mayas no había pecado ni mal karma que depurar.

Para los mexicas no importaba cómo se había vivido, si el difunto se había portado bien o mal en la vida, lo que importaba era la forma de la muerte. Morir de enfermedad a una edad joven o madura estaba mal visto y negaba la entrada al árbol de los cielos, pues denotaba una muerte débil, lastimosa y pusilánime; solo los niños y los viejos podían morir de enfermedad sin que se les negara la entrada a los nueve cielos. Morir en batalla, ahogado, luchando, disfrutando de la vida (pero no alcoholizado), por accidente o ahogamiento, prometía el amparo de los dioses, como Huitzilopochtli o Tláloc y el acceso a un hermoso y agradable más allá.

EL GÉNERO DE LA MUERTE

La muerte puede ser un hombre o una mujer. En capítulos anteriores señalé que para mí la muerte era una hermosa mujer de pelo negro y piel morena, y que la vi cuando estuve a punto de morir por una pulmonía vírica que sufrí nada más llegar a Barcelona, imagen que comparten popularmente diversas culturas.

La calavera enfundada en un hábito de monje y con capucha, sosteniendo la guadaña con la mano izquierda, se ha popularizado gracias al cine occidental, por lo que no pocas personas del mundo la imaginan de ese modo, y temen encontrársela tras cualquier esquina, o llamando a la puerta de la casa de la persona que va a morir. No tiene un género definido, pero parece más macho que hembra.

Imagen de la muerte,
a la vez bella y cadavérica

Hay quien ve a la muerte como un reflejo de sí mismo, un alter ego que avisa del final de la vida; también puede ser un familiar o una persona querida que llega para acompañar a la persona difunta por los caminos del más allá; incluso puede ser o tener la forma de un animal, como el tecolote (búho) o un perro que aparece en el momento final de la vida en esta Tierra.

Dicen, en muchas partes de Latinoamérica y en China, que los perros pueden ver a la muerte, olerla o sentirla, lo que les hace aullar o llorar, esconder la cola y esconderse, por lo que si alguien se unta en los ojos legañas de perro, también podrá verla.

No falta quien ve a la muerte como una sombra, o como una pequeña niebla o nube que se desplaza en el lugar donde va a morir alguien, atravesando puertas y paredes hasta que llega al lugar la persona elegida para irse al más allá.

"Por donde pasa la sombra, pasa la muerte". Por supuesto, la muerte puede ser hembra o varón, rubia o negra, albina o pelirroja, alta o pequeña, santa y virginal, o maldita y lujuriosa, porque tanto como ícono o como experiencia personal e intransferible, depende de los ojos que la miran más que de sí misma, pues quien la ve y la siente la interpreta a su manera y la ve terrible o atractiva según sus propias creencias.

Los muertos en casa

Para la gran mayoría de las culturas, la muerte no es nada agradable (para algunos animales, tampoco), y sin embargo hay algunos pueblos que la asimilan, se burlan de ella, o bien la toman como una broma de mal gusto, sin dejar de haber otras culturas que incluso la agradecen, pues cada muerto es un antepasado que tiene la obligación de proteger a sus vecinos y, sobre todo, a sus familiares, fenómeno que se puede observar en algunas partes del Sur de Asia, como Indonesia y Tailandia, incluyendo parte de la India, por lo que, curiosamente, a estas comunidades no les gusta nada ser un pueblo en el que no ha llegado la muerte a visitarlos para dotarlos de protección y fortuna. Estos poblados agradecen tener el cadáver seco o momificado de sus parientes, padres, abuelos o hijos, en casa.

Momia de Tarim

Por ejemplo, en la comunidad de Toraja, Indonesia, no se llora ni se entierra a los muertos, sino que conviven con sus deudos que los cuidan, acicalan y visten, y los ponen a la sombra embalsamados para que no les dé el sol, porque en realidad sus difuntos no están muertos, sino simplemente enfermos, mientras que en otros poblados les ponen casas en las faldas de los montes que las rodean.

CULTO A LA MUERTE

De una o de otra manera, a la muerte se le rinden diversos cultos en prácticamente todo el mundo y en todas las creencias, y se le ve como algo inevitable y terrible, o como algo necesario y hasta hermoso o pasajero.

Nuestra Señora de la Santa Muerte puede tener origen yoruba, según unos, o ser simplemente una virgen del catolicismo transformada en esqueleto y calavera, según otros, pero siempre como algo sagrado, seguro e inevitable, relacionada con los hijos de Lilith, es decir, con los desarraigados de la sociedad, ya sea por su comportamiento o por su rebeldía ante un mundo que los oprime, los explota y encima no quiere que salgan de la pobreza y hasta agradecen las desigualdades políticas, económicas y sociales, cosa que no están dispuestos a hacer sus fieles, y, por eso, la tienen como estandarte de rebeldía ante el sistema y las jerarquías oficiales y gubernamentales.

Nuestra Señora de la Santa Muerte

Rendirle culto a la muerte no es nada nuevo, ya sea porque se tiene consciencia de que llegará tarde o temprano, o porque se le pide permiso para matar a los enemigos, o para morir con honor en la arena o en la guerra, "los que van a morir te saludan", le decían los gladiadores a los emperadores romanos, o los soldados a la misma muerte un poco antes de entrar en batalla.

"Quien está dispuesto a matar, debe estar dispuesto a morir".

EXPERIENCIA PERSONAL

Como experiencia personal, y posiblemente intransferible como tal, la muerte y el más allá son, al menos en las primeras etapas tras la defunción, un fiel reflejo de las creencias, miedos, esperanzas y hasta prejuicios de quien fallece.

La mayoría de testimonios al respecto así parecen confirmarlo, porque han sido hechos por personas que han estado muy cerca de fallecer, o en el umbral de la muerte, pero que finalmente han regresado a la vida.

Las médium ven el mundo de los muertos muy parecido al mundo de los vivos, y lo que hablan con los fantasmas son cosas banales o referencias a las ataduras y problemas que dejaron pendientes en la vida, cosas de amor y dinero, por regla general, y alguna que otra cuestión religiosa, pero nada profundo, intelectual o sabio, como la resolución de un problema de física cuántica o de un difícil teorema matemático.

Incluso en las meditaciones yoguis o en los desprendimientos del cuerpo astral, la muerte y el más allá no pasan de ser referencias humanas o mitológicas que se quedan a las puertas del cielo, y si bien pueden viajar por todo el universo, no suelen traspasar las fronteras del mundo espiritual.

Tal parece que hay zonas vedadas en el más allá, que no se pueden ver o que no se pueden concebir con nuestro nivel actual de conocimiento, y que se olvidan vida tras muerte, y muerte tras vida, en el ciclo de las reencarnaciones para los que creemos en ellas.

Los que no creen en la reencarnación se conforman con visiones más o menos fantásticas de lo que puede ser el cielo, el infierno y el purgatorio, o el limbo, estados intermedios o finales, donde se aprende o se purga, con posibilidades de descender a lo más hondo y terrible, o de ascender a lo más maravilloso.

Quienes no creen en nada ni en nadie, esperan que sea la nada quien los acoja tras dejar atrás la vida, o la existencia misma, pero lo curioso es que muchos de ellos saben que sí hay algo más, no saben exactamente qué, pero algo, con lo que sus planes de paz sempiterna se desvanece, y algunos de ellos, de ser ateos recalcitrantes, tras una experiencia cercana a la muerte se vuelven fanáticos o acérrimos creyentes de una creencia o religión cualquiera.

"El cuerpo muere, el alma, las emociones, los sentimientos y los conocimientos se desvanecen, la memoria se pierde, pero el espíritu, ese gran desconocido, queda y permanece".

X

Volver a casa, los viajeros interdimensionales

Las almas perdidas
que no comprenden al mundo
y sus excesos,
solo quieren volver a casa
y gozar descanso eterno.
Proverbio Zen

Las almas perdidas, incomprendidas, las que no siguen las modas ni a las masas, las que prefieren la soledad a los lugares comunes, las que no creen en nadie ni en nada a pesar de su sabiduría y su bondad, o precisamente por ser sabias y bondadosas, las almas temidas y rechazadas simplemente porque no comparten las emociones atávicas y dramáticas, las que no se toman la vida en serio, las que huyen de todo lo establecido y buscan en la lucidez la paz, y no en los desvelos o en las obsesiones que se ejecutan sin tener una fuente y un fin verdaderos.

Almas que se perdieron en este mundo por accidente, o como un último escalón de tormento para subir más allá de la concepción común y corriente de los cielos.

Almas que saben que no son mejores ni peores que otras almas, simplemente diferentes, de otro cuño, de otro sello.

Almas sin ego ni vanidad, que a los demás les resultan insoportables por su aparente frialdad, por su belleza ofensiva y por su falta de pecados; y a las que odian porque no se quieren hundir, como todos, en el lodo, el vicio, el error, el horror y los deseos.

Almas que molestan a los demás con su sola presencia.

Almas que de verdad analizan, observan y piensan, pero que deben callar para no ser linchadas por los demás, pues sus palabras pueden ser como saetas que hieren a los que están contentos con su falta de metas, y volverse en su contra.

Almas que dicen la verdad, pero que no se la arrogan, porque saben que la mentira vende y gusta más.

Almas que buscan su hogar, su lugar de descanso y de creatividad, una casa donde guardarse y crecer, y que no se encuentra en este planeta, y que posiblemente tampoco se halle en el cercano más allá.

Almas de contemplación activa, almas zen. Esas almas bien podrían ser viajeros interdimensionales que conservan algo de su consciencia espiritual, y que están aquí de paso y hasta de paseo, que evitan mezclarse más de la cuenta con los nativos, entre otras cosas, porque este mundo no es su hogar y no deben interferir en las cuestiones humanas, ni para bien ni para mal, aunque a veces su simple ejemplo y presencia interfiera con los humanos de alguna manera, porque le es inevitable no irradiar su entorno.

Almas que tienen cuerpo humano, pero que quizá en realidad no son de esta Tierra; viajeros del tiempo y el espacio que han caído o recalado en el planeta para dar el salto a otras realidades.

Hay quien dice que son almas de ángeles caídos, o de ángeles que han sacrificado su lugar en los cielos para favorecer o ayudar a la humanidad, algo nada fácil, tanto porque la humanidad y cada uno de sus representantes tienen su propio sendero o camino espiritual, como porque los lenguajes de las almas perdidas y las almas humanas son distintos y no pueden entenderse entre sí.

Las mascotas nos entienden someramente, pero no del todo y mucho menos si se trata de una conversación científica, esotérica o trascendente; y lo mismo sucede con las almas elevadas cuando intentan comunicarse con las almas humanas.

Incluso no hace falta ser un alma perdida, elevada o magnificente, para ser incapaz de entenderse con las almas comunes y corrientes basta con tener una perspectiva diferente, porque quienes están inmersos en el mundo físico y material, no pueden comprender ni inteligir lo que no se les ha enseñado, y que, incluso si se les enseña algo, lo tergiversan en favor de sus intereses y deseos más mundanos, como el poder y la gloria, la fama y la suerte.

Almas atormentadas de ángeles caídos

El budismo clásico no tiene nada que ver con todas las ramas budistas que surgieron tras la muerte del Bodhi Dharma, ya que en lugar de buscar el desapego propuesto por Buda, donde no hay religión que valga porque toda religión embrutece el pensamiento, sus seguidores hicieron fortuna y atrajeron fieles traicionando a su maestro.

Con el zen tradicional pasa algo similar, pues lo contaminaron de un budismo ya pervertido, con demonios, dioses y milagros que Buda jamás prometió ni patrocinó, rompiendo a dos grandes pensamientos y convirtiéndolos en charlatanería.

El tao tampoco se salvó de su conversión de pensamiento elevado a religión mundana de la mano de los discípulos de Lao Tse.

En todas las grandes religiones hay hermosos pensamientos, a la vez que prácticas sucias y deleznables, asesinatos y robos, poder en pugna, engaño y desfachatez que las masas siguen alegremente, de la misma manera que siguen a los más despreciables reyes, gobernantes y tiranos, los cuales también pueden decir frases hermosas y seductoras, aunque actúen de la forma más abusiva posible.

La gente, dicen, no quiere pensar ni asumir responsabilidades de ninguna especie, y por eso se arrodillan ante sus héroes, sacerdotes, dioses, ídolos y gobernantes, y a las pocas almas perdidas que se niegan a someterse, las apabullan, orillan e incluso aniquilan cruelmente con la ayuda, anuencia y beneplácito de las masas.

Quizá las almas perdidas son las únicas almas verdaderas, y el resto de la humanidad no es más que un remedo, una repetición casi infinita, genes egoístas, fantasmas, muertos vivientes, para los que en realidad no hay cielo ni inficrno, porquc la crucl verdad es que no existen y que no trascenderán de ninguna manera.

LAS DOCE ALMAS DE LA ASTROLOGÍA ESOTÉRICA

Para redundar en el aspecto astrológico que hemos visto a lo largo de este libro, desde el punto de vista del esoterismo, o de la astrología esotérica, en el mundo realmente solo existen doce almas, como los doce signos del zodiaco, que se relacionan entre ellas dando reflejo a 144 seres secundarios que en realidad no son más que eso, reflejos de las doce almas principales, al relacionarse y multiplicarse entre ellas.

El resto es ilusión pura y dura, humo, viento, sueño, nada; cuando mucho emanaciones de las doce almas principales, Aries, Tauro, Géminis, Cáncer, Leo, Virgo, Libra, Escorpio, Sagitario, Capricornio, Acuario y Piscis, donde:

- Aries, Cáncer, Libra y Capricornio son las almas viejas.
- Tauro, Leo, Escorpio y Acuario, son las almas medianas o maduras.
- Géminis, Virgo, Sagitario y Piscis, son las almas jóvenes.

Fuera de esas doce almas principales e iniciales, todo son manifestaciones, pero no verdaderos seres, sino partes del Ser, y su hogar es la casa de sus fuentes principales, un hogar que no está en este mundo, sino en las más lejanas estrellas.

La muerte física nos lleva a la fuente de nuestro signo natal donde está nuestro verdadero ser, pero no antes de haber muerto y renacido o reencarnado en los once signos restantes:

- Quien nace Aries de forma primigenia, tiene que nacer y morir, además de en su propio signo, en Tauro, Géminis, Cáncer, Leo, Virgo, Libra, Escorpio, Sagitario, Capricornio, Acuario y Piscis, para volver a su hogar en Aries, donde podrá actuar libremente y mover la rueda del destino.

- Quien nace Tauro de forma primigenia, tiene que nacer y morir, además de en su propio signo, en Géminis, Cáncer, Leo, Virgo, Libra, Escorpio, Sagitario, Capricornio, Acuario, Piscis y Aries, para volver a su hogar en Tauro, que le espera lleno de arte, filosofía y abundancia plena.

- Quien nace Géminis de forma primigenia, tiene que nacer y morir, además de en su propio signo, en Cáncer, Leo, Virgo, Libra, Escorpio, Sagitario, Capricornio, Acuario, Piscis, Aries y Tauro, para volver a su hogar en Géminis, la fuente de su conocimiento que le lleva a viajar por el universo entero.

- Quien nace Cáncer de forma primigenia, tiene que nacer y morir, además de en su propio signo, en Leo, Virgo, Libra, Escorpio, Sagitario, Capricornio, Acuario, Piscis, Aries, Tauro y Géminis, para volver a su hogar en Cáncer, para que cree y recree la vida entera.

- Quien nace Leo de forma primigenia, tiene que nacer y morir, además de en su propio signo, en Virgo, Libra, Escorpio, Sagitario, Capricornio, Acuario, Piscis, Aries, Tauro, Géminis y Cáncer para volver a su hogar en Leo, donde es monarca y rey de sí mismo y de su ego.

- Quien nace Virgo de forma primigenia, tiene que nacer y morir, además de en su propio signo, en Libra, Escorpio, Sagitario, Capricornio, Acuario, Piscis, Aries, Tauro, Géminis, Cáncer y Leo, para volver a su hogar en Virgo, donde el alma y el espíritu se convierten en poesía divina.

- Quien nace Libra de forma primigenia, tiene que nacer y morir, además de en su propio signo, en Escorpio, Sagitario, Capricornio, Acuario, Piscis, Aries, Tauro, Géminis, Cáncer, Leo y Virgo, para volver a su hogar en Libra, donde encontrará la belleza y armonía de su alma encendida.

- Quien nace Escorpio de forma primigenia, tiene que nacer y morir, además de en su propio signo, en Sagitario, Capricornio, Acuario, Piscis, Aries, Tauro, Géminis, Cáncer, Leo, Virgo y Libra, para volver a su hogar en Escorpio, y así transformarse para siempre en la magia creativa que le ilumina.

- Quien nace Sagitario de forma primigenia, tiene que nacer y morir, además de en su propio signo, en Capricornio, Acuario, Piscis, Aries, Tauro, Géminis, Cáncer, Leo, Virgo, Libra y Escorpio, para volver a su hogar en Sagitario y reencontrarse con la aventura del espíritu.

- Quien nace Capricornio de forma primigenia, tiene que nacer y morir, además de en su propio signo, en Acuario, Piscis, Aries, Tauro, Géminis, Cáncer, Leo, Virgo, Libra, Escorpio y Sagitario, para volver a su hogar en Capricornio justo a las puertas del nirvana, y recoger así sus metas y sus sueños.

- Quien nace Acuario de forma primigenia, tiene que nacer y morir, además de en su propio signo, en Piscis, Aries, Tauro, Géminis, Cáncer, Leo, Virgo, Libra, Escorpio, Sagitario y Capricornio, para volver a su hogar en Acuario, donde encontrará la sabiduría perdida y la armonía de sus pensamientos.

- Quien nace Piscis de forma primigenia, tiene que nacer y morir, además de en su propio signo, en Aries, Tauro, Géminis, Cáncer, Leo, Virgo, Libra, Escorpio, Sagitario, Capricornio y Acuario, para volver a su hogar en Piscis y así completar los pasos de su existencia en el mundo terrenal, para acceder al mundo espiritual de donde procede.

Al final de los finales, las doce almas se convierten en solo una, como los ríos que van a dar a la mar, que es el alma única y verdadera del mundo, de las estrellas, de los planetas y del universo entero, como luz continua y eterna, donde todo es hermoso, liviano y divino.

SERES INTERESTELARES

También existe la teoría de que en realidad somos seres interestelares, viajeros del espacio que caímos aquí por accidente, o para tomar un descanso en el largo y eterno viaje entre las constelaciones, por lo que nuestras almas tomaron cuerpo humano mientras reemprenden el trayecto.

Es posible, por otra parte, que estemos congelados o hibernando en una nave estelar, y que lo que vemos y sentimos, lo que vivimos y lo que morimos, no sea más que un sueño, del cual despertaremos cuando lleguemos a nuestro destino o volvamos al hogar de donde hemos salido.

Hay quien tiene la sensación de no ser de este mundo, de tener raíces en otros planetas, y pertenecer a ciertas razas extraterrestres, a la espera de ser rescatados vida tras vida y muerte tras muerte, por lo que en realidad no morimos, sino que vamos cambiando de piel como las serpientes.

En todos estos casos, la consciencia se ha perdido en buena parte, y solo quedan vestigios de nuestra verdadera realidad y nuestros verdaderos recuerdos, huellas de un pasado que no podemos concretar, como si viviéramos perpetuamente en un sueño del que, al menos de momento, no podemos escapar.

Seres interestelares, viajeros del espacio que van recorriendo el universo de planeta en planeta, de galaxia en galaxia, de cuerpo en cuerpo, quizá perdidos o simplemente retornando a casa, a eso que llamamos nirvana o cielo.

MENSAJE DE LOS HIJOS DE LOS INTERESTELARES

No todos somos terrestres originarios, sino que algunos de nosotros venimos de otros planetas, y si bien nos mezclamos y tenemos hijos con las personas nativas de este mundo, nuestra esencia permanece inalterable y nuestras almas siguen siendo de otras estrellas.

No tenemos poderes especiales, solo algo de intuición y de conocimientos que no hemos aprendido en este mundo; por lo demás somos muy parecidos a los humanos que habitan esta Tierra; con algunos detalles sin importancia algo diferentes, pero muy similares en todo caso, por lo que no somos mejores ni peores al resto de pobladores, porque al fin y al cabo todos venimos de la misma fuente que da vida a todos los seres del Cosmos.

Tuvimos una tecnología muy avanzada, tan avanzada que no la hemos podido reemprender en este lugar del Universo; y cuando lo hemos intentado, hemos destruido el entorno y civilizaciones enteras de las que ya nadie se acuerda, por lo que las hemos dejado de lado.

Hay otros seres interestelares, o extraterrestres, mucho más adelantados que nosotros y que la humanidad entera; pero también los hay más atrasados o en un nivel similar al nuestro y al humano. Algunos nos visitan en silencio, otros tienen prohibido visitarnos. Los que no usan naves y no tienen límites de velocidad, tiempo y espacio, vienen y van vibrando, y nos observan con curiosidad y con respeto, pero no interfieren en nuestros asuntos. Los que usan naves tienen restringido el contacto, por lo que las naves no identificadas que vemos en los cielos terrestres son en su mayoría de origen humano.

Los nuestros nos recogen cuando hemos agotado el crédito vital, y se llevan nuestra esencia al planeta del que provenimos, pero ya no nos evacúan, como han hecho en otros tiempos, aunque es posible que lo hagan si se desata una tercera y mortífera tercera guerra mundial.

No somos muchos, tal vez una décima parte de la humanidad, y cada vez somos menos, porque nuestra capacidad reproductiva, a pesar de ser compatibles con los humanos, es limitada. Algunos de los nuestros ni siquiera son conscientes de su verdadera procedencia, pero lo serán y sabrán quiénes son y de dónde proceden a su debido tiempo o si surge alguna emergencia.

Maya, ilusión o simulación computarizada

En los últimos años, desde 1955 hasta nuestros días, personajes como Frederik Pohl, Hans Moravec y Nick Bostrom, han proclamado que posiblemente no sea tan descabellado pensar que vivimos en una simulación, tanto computarizada y altamente tecnológica, como filosófica o esotérica.

Hace unos cuatro mil años, el hinduismo ya lo proponía, y hace 2700 años Buda hacía hincapié en que todo era Maya, o ilusión, y que la vida y la muerte no eran nada reales.

A muchos filósofos, incluido Descartes, sospechaban que algo de la realidad no funcionaba, y que el ser humano era más una especie de robot con aptitudes que no se correspondían con la esencia o alma que debíamos ser como seres pensantes y con alma o espíritu en última instancia, una especie de software instalado en el cuerpo o marioneta humana, el hardware.

De esta forma, el alma y el espíritu serían una cosa, y el cuerpo y la aparente realidad física y material, otra muy distinta.

Las películas, como Matrix, se han hecho eco de estas creencias, señalando, como lo haría Deleuze, que todo lo que creemos percibir no son más que impulsos eléctricos y electromagnéticos, vibraciones y energías que de sólidas y materiales no tenían nada, solo apariencia de acción, atracción y refracción.

La verdadera realidad: solo datos e información

La vida y la muerte, como producto de un programa elaborado donde lo que hay en realidad es una secuencia de información y no lo que creemos ver, pensar y sentir, solo datos de la red de la física cuántica o de un programa de videojuegos, como el de los Sim, pura simulación con muchos aciertos y uno que otro fallo que aparece muy de vez en cuando.

Nuestros sentidos, tan maravillosos como parcos y limitados, nos hacen percibir una realidad que no existe.

Las paredes ni las mesas son sólidas, solo vibración molecular que hace que nos parezcan sólidas, pero que con la vibración adecuada se podrían atravesar como el aire; lo mismo que el aire sería infranqueable con una vibración diferente a la que tiene.

La ciencia ficción, que a veces es madre de la ciencia pura y dura, es rica en estos ejemplos de realidad alterada donde nada es lo que parece y todo se reduce a una ilusión o limitación de nuestros sentidos.

El pasado y el futuro no existen, todo es una ilusión de un eterno presente, o, como diría Buda: “Todo lugar es aquí y todo momento es ahora”.

En términos de velocidad de la luz, una persona se proyecta a 72 años en el futuro, por lo menos, desde el mismo instante de su alumbramiento, por lo que su vida y todo lo que va a ser y a hacer en los próximos 72 años ya está escrito, aunque puede estar sujeto a desviaciones y a ciertos accidentes como toda partícula que es emitida en un momento dado.

Si no hay accidentes ni desviaciones profundas, la vida de esa persona es perfectamente previsible, y la puede observar cualquiera que viaje un poco más rápido que la luz, lo mismo que un mago, una vidente o el mundo de los sueños, donde el tiempo y el espacio no existen como creemos conocerlos.

Las vidas pasadas y las vidas futuras también serían observables desde un punto de vista más elevado y alejado, como en la paradoja del que observa desde lo alto de un monte el presente, el pasado y el futuro de alguien que se encuentre en el valle frente a un río, como un pescador que no ve el pez que se le ha escapado, ni el cocodrilo que viene hacia él.

El observador de la montaña sabe claramente que el pescador ha perdido una valiosa pieza, y que está en peligro de muerte, sin ser un mago ni un científico, porque todo depende del punto de vista del espectador.

Schrödinger señaló que muchos de los fenómenos de la física cuántica no son ni están hasta que el observador les pone atención, como a su famoso gato encerrado en una caja con un veneno, que está vivo y muerto a la vez hasta que no se abre la caja y se observa al gato.

El gato de Schrödinger, vivo y muerto a la vez

El fenómeno de la doble rendija, donde las partículas atómicas parecen comportarse de una manera de emisión recta cuando no se les observa, y de una manera en onda cuando se les observa, parece indicar que las partículas, los fotones o los electrones tienen comportamiento, y que actúan para el observador, con lo que la inteligencia va más allá del pensamiento de los seres vivos, y las cosas inertes también tienen capacidad de elección en su comportamiento, de una manera cuando nadie las ve, y de otra manera cuando son observadas.

La vida y la muerte también pueden tener doble o múltiple comportamiento dependiendo de quién o cuándo se les observa, con lo que podrían tener un comportamiento muy diferente comparadas con la realidad, y no ser más que fenómenos cuánticos con una apariencia muy distinta en las macroestructuras, por lo que serían tan falsas como reales, todo dependiendo del punto de vista del observador, así que, en cierta forma, y como el gato de Schrödinger, los seres humanos podemos estar vivos y muertos a la vez, y quizá de hecho lo estemos, hasta que el observador del más allá vea cuál es nuestro comportamiento al sabernos observados.

¿Estamos realmente vivos? ¿Ya estamos muertos sin saberlo? ¿En el más allá tendremos consciencia de estar muertos, o nos seguiremos sintiendo tan vivos como siempre? ¿O siempre estaremos vivos y muertos a la vez?

Quizá, si estamos muertos y vivos a la vez, en una simulación, ilusión o realidad, es una clara señal de que en cierta manera somos eternos, y que siempre estamos al lado de casa, que también depende de nosotros como conscientes observadores de nosotros mismos y de nuestro comportamiento.

VIDAS PARALELAS

La idea del multiverso y las vidas paralelas no es tan nuevo como parece, pero en la actualidad se le ha revestido de física cuántica, orbes y burbujas siderales, que señalan la posibilidad de miles de millones de universos similares al nuestro, pero prácticamente con los mismos protagonistas: los seres vivos, y entre ellos los seres humanos, y más precisamente tu propia persona, tal vez con el mismo nombre y el mismo aspecto físico, pero con un entorno del todo distinto, en el que vives, mueres y renaces constantemente, o en el que nunca mueres porque sus posibilidades son infinitas, y si mueres en un universo, lo más posible es que sigas vivo en los infinitos universos restantes.

Vidas paralelas en universos paralelos

La vida de esta manera sería infinita, pero también las muertes, donde el más allá y los posibles renacimientos se repetirían también infinitamente, idea que marea, confunde y hasta atemoriza a muchas personas, porque si vivir infinita y eternamente les desconcierta, morir infinita y eternamente los trauma y les aterra.

De hecho, cada vez que tomamos una decisión en nuestra vida, pequeña e intrascendente, o grande y grave para nuestra vida, abrimos una nueva línea temporal que puede convertirse en una vida o en una muerte paralela.

Si en lugar de girar a la izquierda en una esquina, giramos hacia la derecha, podemos encontrarnos de inmediato con la fortuna, el amor o un accidente y la muerte, y todo por una decisión banal.

Cada vez que damos un paso, o que nos quedamos encerrados, movemos todas las fuerzas del universo y creamos distintas líneas de existencia.

Todo está conectado en el multiverso, y lo que hacemos, por sencillo o inocente que parezca, tiene su trascendencia.

El efecto mariposa existe, tanto si tiene un impacto imperceptible en nuestras vidas como si el aleteo de la mariposa se convierte en un tremendo huracán que nos arranque de cuajo la existencia.

Todo está conectado en el multiverso

La vida y la muerte, el más allá y el más acá, están unidos y entrelazados eterna y permanentemente, tanto en este planeta como en todos los planetas existentes, porque nada es ajeno al todo.

Nuestro propio cuerpo es un enjambre de conexiones, tanto a nivel biológico como a nivel cuántico, que siempre vibra, vive e interacciona con el universo entero, por lo que nunca muere, si bien es cierto que buena parte de nuestro ego e identidad desaparece, pero solo para sumarse a la información cuántica junto con nuestra consciencia, con lo que en realidad nada desaparece, simplemente cambia de forma o de orientación, sin dejar de estar entrelazada al resto de las partículas, las consciencias y el multiverso entero.

Somos polvo de estrellas, y a la vez somos las estrellas mismas; el todo y la nada en sus repeticiones infinitas; energía y experiencia existencial que lo preña y lo transmuta todo.

Por tanto, es muy posible que estemos vivos (o muertos) en miles de millones de universos alternos, los cuales creamos con cada respiración, mirada, andar, pensar o imaginar, porque todo, absolutamente todo, forma parte de la realidad, y todo aquello que imaginamos es increíblemente cierto.

¿CUÁNTOS MUNDOS PARALELOS PUEDE HABER?

Tal vez una infinidad, aunque hay quien apunta que podrían ser tantos como neuronas tenemos en el cerebro, las cuales serían el enlace con esos mundos, dimensiones o realidades alternas, es decir, unas cien millones de experiencias vitales en el multiverso.

Cien millones no es el infinito, pero sí son una cantidad casi inimaginable.

No es la eternidad, sino varias eternidades, unos

cuantos eones de vidas paralelas con sus propios desarrollos existenciales.

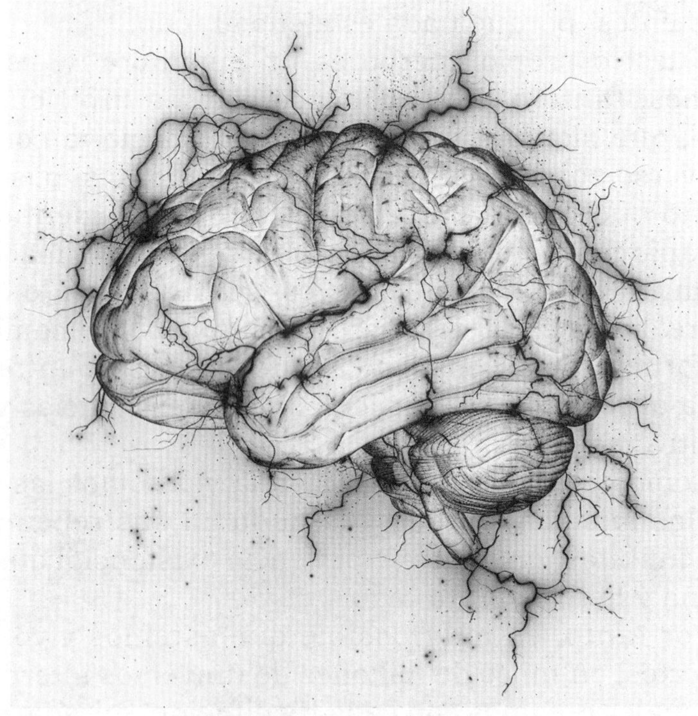

Tantas vidas paralelas como neuronas hay en el cerebro

En una podemos ser casi idénticos a lo que somos en esta vida, pero en otras podríamos tener todo tipo de relaciones y comportamientos, algunos tan convencionales y sistémicos como los de la vida presente, pero otros muy distintos con posibilidades y contextos que ni siquiera somos capaces de imaginar.

Las diferencias de tiempo y espacio también pueden hacer que, por ejemplo, en una vida seas una persona anciana agonizante, y en otra apenas estés a punto de nacer, enlazando a lo lejos una vida con otra y una experiencia de muerte y de más allá con otra de alumbramiento.

Las leyes ideales de la física para nuestro mundo y entorno, también pueden ser de lo más variadas y diferentes, incluido nuestro aspecto, por lo que en algunas realidades seríamos verdaderos monstruos, y en otras dóciles mascotas.

Mundos paralelos y a veces casi idénticos, a la vez que mundos paralelos del todo diferentes, unos con grandes religiones, otros asépticos mentalmente y otros más decididamente ateos, ajenos a todo tipo de leyendas, mitos y supersticiones.

Unos con gobiernos sanos y solidarios, otros, como el nuestro, con dictaduras y masacres, y otros más del todo independientes, sin dioses, patrias ni gobiernos.

Algunos donde no existe la muerte ni el más allá, y otros donde el más allá esta presente y es frecuente sin distinguir lo vivo y lo inerte.

Mundos con valores convencionales, como el nuestro, y mundos donde no hay ningún tipo de moral o valor impuestos, sino simple ser y estar.

Planetas donde reine el crimen, eso que llamamos maldad y la única ley sea la del más malvado o la del más fuerte, y planetas llenos de amor y de paz, sin ira ni odio, y mucho menos maldad ni violencia que cause o provoque la muerte del otro.

Con sexo y lujuria, y sin nada de sexo. Con hambre y con gula, o sin necesidad de alimentos. Con drogas de todo tipo, o del todo sanos y nada adictos ni dependientes.

Evolutivos y positivos. Involutivos y negativos. Espirituales y elevados. Materialistas y bajos. Astrales o sensibles. Etéreos o densos. Reales o irreales. Con tiempo lineal, con tiempo convexo o sin tiempo, en una o en varias dimensiones, conscientes o inconscientes.

Todos y cada uno con sus propias experiencias, torpes e inteligentes, sabios o necios, avanzados o primitivos, donde las almas y los espíritus crecen y decrecen hasta completar el ciclo.

En algunos puedes ser un canalla, en otros un santo; en unos hombre, en otros mujer, e incluso con variaciones sexuales e identitarias que no conocemos, o sin ninguna de ellas, pues no hay reproducción sexual ni género, sino formas de nacimiento espontáneas donde basta una simple inspiración o vibración dentro de un amor universal que no requiere el amor pasional ni emocional en los seres o las personas.

Todo lo que puedas imaginar o concebir, y más, mucho más. No hay límites para la vida, y mucho menos para la existencia.

La sensación de vivir dos o más vidas al mismo tiempo

Hay personas que tienen la sensación de vivir al menos dos vidas al mismo tiempo, normalmente una de día y otra de noche, donde el mundo de los sueños deja de ser algo fantástico e imaginativo, para convertirse en una realidad dura y sólida, aunque alterna.

En una es una persona solitaria. En la otra es una persona con pareja y obligaciones materiales y familiares. En una es sensible, empática y solidaria. En la otra es fría y calculadora sin importarle los sentimientos de los demás, y mucho menos de sus supuestos seres queridos. En una es consciente y hasta se podría decir que inteligente. En la otra es una persona burda con un dedo de frente. En ambas es la misma persona generalmente, aunque a veces cambia el aspecto y el género, pero la esencia vital, el ego del Yo, se mantiene.

Hay casos en que no hay tanta dicotomía, e incluso aparecen casi los mismos personajes con pequeñas variaciones, pero algo nos dice en nuestro interior que son dos vidas diferentes, en las que cuando en una se despierta, en la otra se duerme, como si solo hiciera falta abrir una puerta en la vigilia para pasar de un lado a otro, de una vida a otra vida.

Puede ser que una domine a la otra, o que sea más real y menos difusa, más consciente y menos onírica, pero pueden ser del todo equivalentes, con lo que los daños que se sufran en una realidad pasen a la otra realidad en forma de heridas, dolores, pesadumbres o malas sensaciones.

En una te toca la lotería, o vez el número ganador claramente, y, si se lo dices a otra persona, el número es agraciado con varios millones, pero si te lo guardas para ti, el número no recibe premio alguno; aunque puede suceder exactamente lo contrario: lo sueñas, te lo callas, lo compras y te toca, y ni siquiera se lo comunicas a nadie, tanto por sana discreción y evitamiento de robos, acechos y envidias, como por egoísmo a ultranza, uniendo a una vida con otra vida a través de la suerte, la fortuna y la materia.

Total, en realidad todo está entrelazado aunque se manifieste en una, en dos o en varias vidas que se vive y experimenta a la vez.

VIDAS PARALELAS O ESQUIZOFRENIA

La esquizofrenia, puede dar lugar a distintas personalidades y a diversas formas de interpretar la realidad que nos rodea, ver peligros y amenazas donde no los hay, o estar ciego ante lo inminente.

No compartir la realidad propia con la realidad de los demás es una forma de esquizofrenia, con el agravante de que en muchos países se le toma como una enfermedad a menudo peligrosa, por lo que se debe reducir y medicar a quienes perciben una realidad diferente y ven cosas que los demás no ven.

Quien no comulga con piedras de molino puede ser señalado de esquizofrénico, raro, loco, necio, grosero, molesto y hasta peligroso, por lo que hay que acallarlo y borrar de su mente y de su comportamiento la visión de una vida diferente, incluso si dice la verdad y señala una realidad clara y transparente, mientras que el resto está inmerso en una realidad obtusa y absurda, pero que comparte con la masa, creando así una realidad común que repele, juzga o rechaza a los pocos que no la comparten, y los señala no solo de críticos o disidentes, sino de verdaderas lacras enfermas que pretenden vivir una vida diferente.

De esta manera, se puede vivir otra vida dentro de una misma realidad sin necesidad de traspasar el límite de los sueños, del más allá, de la existencia física, mental y emocional, de la vida misma y de la muerte.

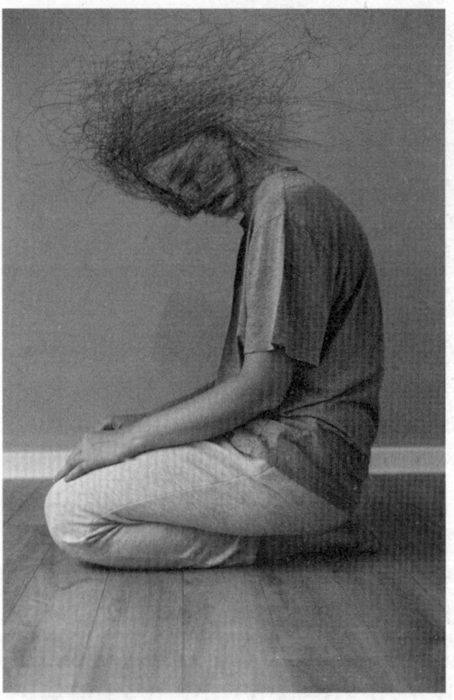

Trastorno de identidad disociativo

Por tanto, muchísima gente lleva al mismo tiempo varias vidas, a veces de manera consciente, a veces de manera hipócrita y fingiendo, y muy a menudo de manera completamente inconsciente, e incluso con el síndrome de trastorno de identidad disociativo.

Sí, por terrible que parezca, incluso las enfermedades mentales como los estados alterados de consciencia pueden ser experiencias de multipersonalidad vital y existencial, por mucho que molesten a las sociedades normales y convencionales, como diría Foucault en *Vigilar y castigar*, en un mundo de locos más vale estar del todo enfermo y consensual para no ser perseguido.

"Quien puede tener muchas vidas en una, puede tener muchas experiencias en el más allá, y, por supuesto, muchas reencarnaciones", cuentan los santones, como los lamas elevados, que al morir exhalan una flor de mil pétalos, que a la vez son mil almas que van a encarnarse para seguir el camino hacia el nirvana, donde el lama elevado se convierte en mil almas que lo sucederán en el sendero del despertar que nos marcó el Bodhi Dharma.

Mil vidas más a cambio de un paso en la liberación del espíritu.

Mil almas más para ayudar a toda la humanidad en su desarrollo y evolución positiva.

Mil almas que bajan a la Tierra con la promesa de volver al hogar de las puertas celestiales, porque la finalidad de los jivas (todos y cada uno de los seres humanos) es volver a reunirse con la luz eterna y continua, según el hinduismo, con los Dioses o con el Todo, según otras corrientes esotéricas.

VOLVER A CASA

Para cerrar este capítulo donde las sensaciones, más que lo que se puede llamar realidad objetiva, tienen un peso específico en lo que las personas consideran como parte de sí mismas, la idea o sensación de no estar en casa, en el hogar, es habitual y común en un sinnúmero de personas, pues se sienten fuera de lugar en uno o varios momentos de su día y de su vida, y desean que todo cambie, se acabe, y aparezca en el horizonte ese camino o sendero que lleva al hogar perdido, que quizá esté en el más allá, porque en este mundo hermoso, pero cruel y escabroso, su presencia es imposible.

Las religiones lo saben, y por eso prometen, fraudulentamente, el hogar con el que muchos soñamos, y no por ser divino ni perfecto, sino por darnos la paz, el calor y la seguridad anímica que tanto deseamos.

¿Dónde está mi verdadero hogar?

Mucha gente no quiere ni piensa ni sueña con un hogar ideal, sino un sitio o una cama donde poder reposar la cabeza sin ansiedad alguna, y descansar a pierna o alma suelta, como inicio de una nueva existencia que también podría ser el final de los finales.

LÍNEAS TEMPORALES Y DIMENSIONES

Si a cada decisión que tomamos creamos un nuevo universo de posibilidades con un pasado, un presente y un futuro distintos en cada caso, y al estar ahí tomamos otras decisiones que lo cambian todo y crean a su vez otros universos con sus líneas temporales, las vidas y muertes que se pueden experimentar son casi infinitas.

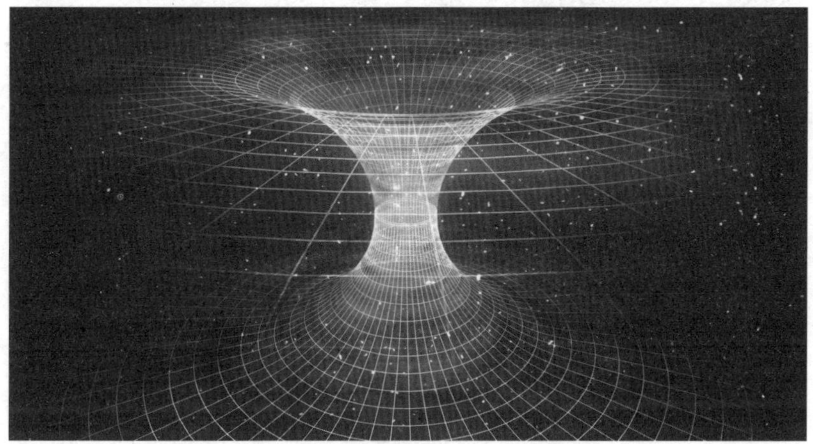

El continuo tiempo-espacio

El espacio puede ser el mismo, lo que cambia es la línea temporal de cada decisión, llevándonos a realidades alternativas nacidas de cada decisión que tomamos.

Algo similar sucedería si viajáramos al pasado o al futuro, y cambiáramos el rumbo de los acontecimientos.

Desde el punto de vista de la física cuántica (e incluso de la física clásica), el tiempo no existe dividido, sino que es un conjunto en el que el pasado, el presente y el futuro son lo mismo y ya han sucedido, suceden y sucederán, y no se puede modificar en la misma línea temporal, porque el tiempo-espacio es continuo. En este sentido e interpretado esotéricamente, el destino ya está escrito desde siempre.

Si se cambia de rumbo, el espacio tiempo que conocemos sigue su camino, y en él lo que fuimos, lo que somos y lo que seremos, continúa su camino sin desviarse, y ahí seguimos interpretando el papel que nos ha tocado en suerte.

Sin embargo, al cambiar de rumbo entramos en otra línea temporal, donde también todo ya está escrito, pero es diferente para nosotros, como en el caso de los mundos o los universos paralelos.

Las cosas no cambian, los que entramos en otra línea temporal somos nosotros.

Las moléculas vibran con una intensidad determinada, pero si vibran de otra manera, con otra intensidad, desaparecen en la dimensión en que estaban y aparecen en otra dimensión alterna.

Durante un tiempo, sobre los años sesenta y setenta del siglo XX, se le prestó mucha atención a la vibración molecular, pues abría la puerta a la posibilidad de dimensiones alternas, incluidas la cuarta, la quinta, la sexta y la séptima dimensión, e incluso hasta la décimo primera, como señala la teoría de cuerdas, y casi todo aquello que no era práctico o funcional quedó en el campo de la ciencia ficción, o de la ciencia secreta, porque si bien ofrecía la posibilidad de atravesar paredes (materia sólida) y establecer enlaces cuánticos al instante hasta cualquier lugar de los universos posibles, también cabía la posibilidad de colapsos y explosiones al igualar las vibraciones: dos motores que vibran con la misma intensidad pueden convertirse en una bomba, y dos materiales o cuerpos de distintas procedencias del espacio tiempo que lo hagan pueden colapsar, pues una materia no puede estar en dos líneas temporales diferentes al mismo tiempo sin comerse la una a la otra. Por ejemplo, una persona que viaje al pasado o al futuro y se encuentra consigo misma, no puede ni debe tocarse, pues al hacerlo se produce una absorción vibracional que destruye a la materia.

No se sabe exactamente que es el tiempo, y sin embargo es algo que tenemos contemplado como la longitud de la experiencia vital, o la duración de la vida misma.

El tiempo no puede perderse, porque siempre está ahí, ya sea como medición de velocidades y distancias, como ciclo, o como simple ilusión a la que medimos de forma arbitraria con respecto a nuestros intereses y limitaciones.

¿Cuánto dura realmente la vida? ¿Cuánto dura la muerte? ¿Qué vibración tiene la vida? ¿Qué vibración tiene la muerte?

No lo sabemos, porque además, y emocionalmente, el tiempo es más relativo que el punto del observador de Einstein, y un minuto puede ser una eternidad, y una eternidad durar solo unos segundos, depende de cómo nos vibre cada instante de la existencia, y posiblemente también de la muerte, porque en el cosmos todo, absolutamente todo, vibra.

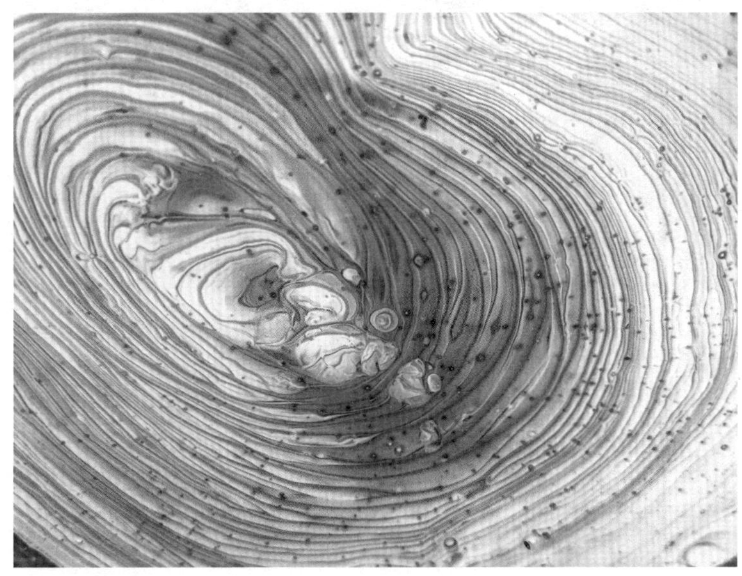

En el universo todo vibra

Los seres humanos vibramos, porque nuestra materia vibra; absorbemos y emitimos luz, fotones; somos bombas de relojería algo inestables que podemos arder o entrar en incandescencia en cualquier momento; funcionamos con electricidad y somos electromagnéticos; acumulamos electricidad estática y podemos trasmitirla a otra persona o cosa; nuestros átomos, generalmente estables, pueden disgregarse en cualquier momento y desintegrar todo el sistema; somos, materialmente, una batería de energía recargable, receptora y transmisora, con lo que la muerte y el más allá pueden ser simplemente cambios de vibración de nuestra materia, llenos de luces y de colores y de destellos de los enlaces cuánticos que unen y conforman el universo.

Tal vez solo cambiamos de dimensión, y pasamos de la tercera dimensión (esta vida) a la cuarta dimensión (el más allá), donde el tiempo es un vector más a medir con formas que no conocemos y plasmamos más con la intuición y las posibilidades matemáticas, que con la realidad.

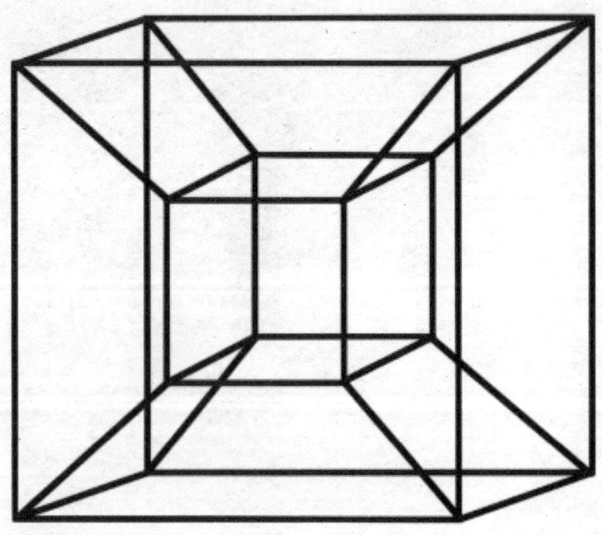

Teseracto, el hipercubo de la cuarta dimensión

Un más allá en la cuarta dimensión nos permitiría ver este mundo desde otra perspectiva, de la misma manera que nosotros desde esta tercera dimensión miramos a los dibujos de dos dimensiones y a los puntos de una sola dimensión, mientras que el punto de una dimensión y el dibujo de dos dimensiones no pueden vernos a nosotros.

FANTASMAS Y DIMENSIONES

Quizá los fantasmas no son más que seres mal enfocados de la cuarta dimensión, a los que percibimos débilmente desde la tercera dimensión como si de sombras se tratara pues no podemos percibir su verdadero volumen; mientras que desde la cuarta dimensión se puede ver perfectamente a los seres de la tercera dimensión, quizá incluso tocarlos, darles un abrazo y un beso, porque no podemos protegerlos más ni como quisiéramos; y sí, podríamos ver el próximo número premiado de la lotería en el mundo de tres dimensiones, pues la curva del espacio tiempo se puede recorrer de diversas maneras en la cuarta dimensión, hacia adelante, hacia atrás, hacia arriba, hacia abajo y hacia todas las alas y lados, como si de un hipercubo se tratara; el problema es que no sabemos cómo comunicárselo a los seres queridos que dejamos en la tercera dimensión.

Se supone que los videntes y las médium pueden contactar con los seres del más allá (conozco a algunos realmente impresionantes), sin embargo esos seres no parecen estar en otra dimensión ni exactamente en lo que conocemos como purgatorio, sino más bien en un estado intermedio, una especie de limbo, más como sombras de las personas que fueron en vida, que como las almas de esas personas.

Los egipcios y los mayas sabían que esos "fantasmas" no eran la persona muerta, sino una especie de secreción que se experimenta en el momento de la muerte (o de máximo miedo o tensión), o bien una impresión nitrogenada como lo son muchos fantasmas de castillos medievales, un ectoplasma sin mucha inteligencia que incluso puede fotografiarse.

Las sombras, los fantasmas y las impresiones nitrogenadas quizá no están en la cuarta dimensión, sino atrapados en este mundo tridimensional, y poco o nada pueden ayudarnos, aunque algunos pueden darnos un buen susto y recordarnos, a pesar del espanto, que no todo se acaba en esta vida, sino en el verdadero final de los finales que no somos capaces de concebir, ni entender.

Conclusión
El final de los finales

Los ciclos no tienen final,
los ciclos se repiten siempre,
nada comienza y nada termina,
todo se repite eternamente.

La vida es un ciclo
que vuelve a comenzar
tras la muerte.

La muerte es parte de la vida, y la vida es parte de la muerte, que nos parece que empieza y termina, sin que veamos el ciclo en que se enlazan, pues detrás de cada muerte hay un nuevo nacimiento, y por delante de cada nacimiento hay una nueva muerte.

Nos da miedo la muerte porque no le vemos el potencial de vida que tiene, y más miedo nos da perder la identidad, el ego y los afectos que nos unen y nos retienen en esta experiencia vital.

Si muero, ¿cómo me llamaré en el más allá?

¿Seré el mismo o seré diferente?

¿Iré al paraíso musulmán con 33 años eternos y en plena forma?

¿O iré al Hades griego donde todo es gris, triste e inerte?

Al Valhalla no iré con toda seguridad, pues no soy nada guerrero ni quiero serlo, por lo que las valquirias me despreciarían y no tendría acceso a su mundo.

Si muero enfermo, el Mictlán azteca me despreciaría, pero si muero ahogado Tláloc me favorecería en el más allá.

La primera parte de mis experiencias en el más allá, según el *Bardo Thödol*, se darían en función de las creencias míticas o religiosas que haya practicado en esta Tierra, por lo tanto como hindú vería al Guardián Azul, a Shiva o a Shakti, o tal vez a Visnú, preparándome para mi próxima encarnación.

Para muchos la experiencia de la muerte no es nada agradable y en el más allá puede ser que se perciban en uno o varios infiernos, y que reencarnen casi sin quererlo y sin una preparación previa, ya que el terror y el miedo del más allá los empujará de nuevo al planeta físico de procedencia, olvidando todo lo que han pasado hasta ese momento.

El olvido no es total, y algo queda en el alma de las experiencias de reencarnación tras reencarnación, como los miedos atávicos entre los cuales se encuentra el terror a la muerte, que se mantiene aunque la identidad y parte del ego se olvidan o se pierden cuando se nace en el universo material.

Creo saber quién soy, pues tengo un nombre, un lugar de nacimiento, una historia de vida, un pensamiento, unas necesidades, un sexo y unos sentimientos y deseos; pero en realidad no se quién soy más allá de esas construcciones sociales identitarias y bases biológicas que me señalan como un huésped de genes y bacterias, una repetición gregaria y una ilusión de mí mismo, sin una verdadera identidad propia o espiritual.

Quizá seré la suma de todas las identidades que he tenido en otras vidas y en otras reencarnaciones, hombre y mujer a la vez, niño, anciano, adolescente; todo en uno, sin más patria que el cosmos ni más destino que ser feliz para siempre, o quizá un nuevo dios de un lejano planeta, o un ángel que anuncie la prosperidad a otros seres de universos nuevos, extraños, diferentes.

No lo sé, pero tengo la profunda sensación de que algo seré, aunque a menudo me queje de todo y desee morir y desaparecer para siempre sin ser nadie ni nada de nada, en el descanso final y eterno en los reconfortantes brazos de la nada.

Por una parte sé que eso es imposible, pues no puedo negar las experiencias que he tenido y que he vivido en primera persona, las cuales me señalan que la muerte física no es final alguno, sino la entrada a una nueva etapa, quizá no tan elevada como a veces creo y espero, pero sí real, tan real como esta vida ilusoria.

Todo un contrasentido, pero de que hay algo en el más allá tras la muerte, sé que lo hay, porque lo he visto, oído y sentido, y no lo puedo negar.

Sé que la muerte no existe como generalmente la concebimos, y no sé exactamente cómo sea, por eso he escrito este libro, más para darme respuestas a mí mismo que a los demás, pero a la vez para asegurar, más allá de todo miedo y de toda esperanza, de toda religión o creencia más o menos esotérica, que la muerte no es el final de nada, sino el comienzo de un nuevo valor y sentido de la existencia.

¿QUÉ HAY MÁS ALLÁ?

Si en el más allá existe un mundo más o menos espiritual, en primera instancia parecido a este, es posible que existan muchos otros mundos y niveles, tanto del espíritu como de las sensaciones, las emociones y la mente.

Sin cuerpo físico, pero con un cuerpo astral, supuestamente eterno, y otra identidad, se podrá ver y oír, sentir y pensar, e incluso actuar y decidir, o morir para renacer a otras existencias insospechadas.

Los distintos paraísos celestiales que nos esperan quizá también tendrán sus limitaciones o definiciones, con deseos de trasgresión, crítica, evolución, involución, obediencia, rebelión o similares.

Morir después de muerto

Por tanto, es posible que el más allá no sea un final en sí mismo, sino la puerta a nuevas experiencias que no se quedan en la eterna contemplación de la creación y las estrellas.

El espacio tiempo, como ocurre en los sueños, desaparece como lo conocemos y se comporta de maneras nuevas, extrañas, curiosas y distintas, donde la velocidad de la luz no es una constante ni un límite, ni hacen falta naves para cruzar en un instante el universo entero.

También en el más allá podremos portarnos bien o mal con respecto a los valores que existan o no existan ahí, con castigos y premios, o con indiferencia total hacia nuestros actos y los actos ajenos, con lo que también podríamos morir para entrar en otra dimensión, en un más allá que percibimos o imaginamos desde esta Tierra.

Puede ser incluso que exista la muerte tras de la muerte, y que las nuevas experiencias en esos mundos sean infinitas, pasando por ser devas, avatares o ángeles en unos y otros universos, hasta encargados de estrellas, galaxias o planetas, como dioses creadores de nuevas formas de vida, de nuevas almas y de nuevos y diferentes pensamientos, para actuar como dioses para los nuevos seres que nos encontremos o que hayamos creado.

Morir después de muerto puede ser un nuevo e inesperado renacimiento.

Las posibilidades son infinitas, no hay límites ni para la imaginación en este mundo ni para las nuevas realidades en otros universos, cielos o lo que sea que nos encontremos después de muertos.

El final no tiene final, porque incluso si desaparecemos del todo y no hay absolutamente nada después de nuestro fallecimiento, ni cielos ni infiernos y mucho menos purgatorios y reencarnaciones, nuestros átomos seguirán vivos por mucho tiempo, transformándose en materia y energía, en luz y en vibración, en partículas cuánticas y en redes de fuerza magnética, libres por todos los confines del universo conocido y de los multiversos que ni conocemos ni entendemos, para dar a luz nuevas formas de vida material, de inteligencia y de existencia espiritual, en una especie de reencarnación cósmica que se escapa de nuestros actuales conocimientos.

Soy, somos

El Todo en sí mismo
es una metáfora del Todo,
y la Nada en sí misma
es una metáfora de la Nada,

con la vida y la muerte
como simples ilusiones y comparsas
del devenir del cosmos,
donde todos
y cada uno
de nosotros somos Todo,
y, a la vez, no somos Nada.

"Por tanto, y ya que en este mundo estamos de paso, y de paseo, hagamos que la estancia sea una experiencia gratificante y hermosa".

Para algunas personas, generalmente muy pocas, la muerte y su paso por el más allá puede ser el viaje más maravilloso que han estado esperando toda su vida.

Bibliografía

Besant, Annie. (2013). *Cómo se vive después de la muerte.* Madrid: Editorial ELA.

Cioran, Emil. (2014). *De la inconveniencia de haber nacido.* México: Taurus.

Moody, Raymond. (2015). *Vida después de la vida.* España: Edaf.

Nietzsche, Frederick. (1977). *Así hablaba Zaratustra.* México: Porrúa.

Steiner, Rudolf. (2013). *La ciencia oculta.* Madrid: Editorial Rudolf Steiner.

Tatsay, Jay. (2024). *Astrología kármica.* Barcelona: Plutón Ediciones.

Tapia Rodríguez, Javier. (2023). *El gran libro de las mitologías.* Barcelona: Plutón Ediciones.

Índice